大学生の
学びをつくる
New Basics for
Collegiate Learning

わかる・役立つ
教育学入門

植上一希・寺崎里水 編

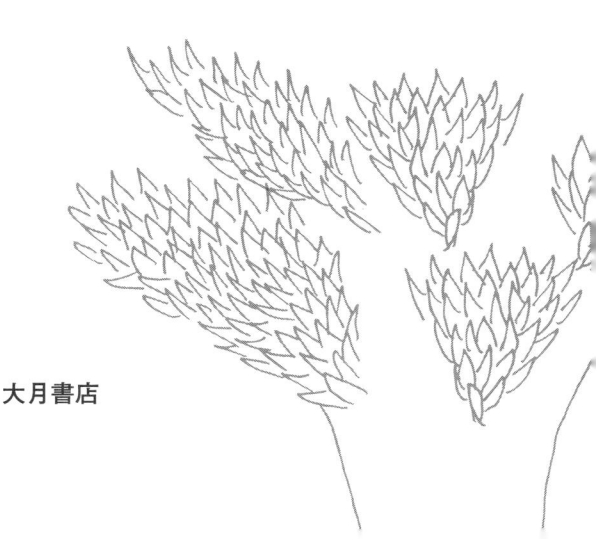

大月書店

はじめに

教育学を初めて学ぶ人のために

　高校まで教育を受けてきたみなさんにとって，教育はきっとなじみのある
ものでしょう。しかし，一方で教育学という学問を学ぶのは初めての経験。
だからこそ，次のような疑問や悩みをもっている人はきっと多いはずです。

　教育学ってそもそも何？
　教育にはなじみがあるのに，なぜわざわざ教育学を学ぶ必要があるの？
　教育学を学ぶメリットや意義は？　どんな魅力があるんだろう？
　どのように学べばいい？　勉強の仕方がわからない。難しそう。

　実際，これらの疑問や悩みを抱えたまま授業に参加して，教育学の授業に
興味をもてなくなったり，教育学から離れてしまったりする人も少なくあり
ません。ぜひ，教育学を学びはじめる段階で，これらの疑問や悩みを解決し
てほしいと思います。

　そうした考えから，この本では，教育学を初めて学ぶ人ができるだけわか
りやすいかたちで，教育学を学んでいく際に必要となる基本的な知識・考え
方を習得できること，教育学を学ぶことのおもしろさや意義を実感してもら
うことを重視しました。教育学の入門書のなかには，教育の思想・歴史や制
度・法律を中心に展開されるものも多く，それらの内容についていけなかっ
たり，個人的な体験との距離を感じたりしがちですが，この本では，わかり
やすさを重視し，教育の現実や学校で展開されている実践を中心にテーマや
題材を選んでいます。

　ですので，教育学を学ぶのは初めてだという1年生はもちろん，2年生以

上で「今まで受けてきた教育学の授業や，読もうとしたテキストはピンとこなくて……」という人たちにもぜひ，手に取って読んでみてほしいと思います。きっと，「わかりやすい！」「教育学っておもしろい！」と実感してもらえるはずです。

現在の大学生にとっての教育の過去・現在・未来

初学者にとってのわかりやすさとともに，この本が重視したのは，2020年前後に大学生になったみなさんにとっての教育の過去・現在・未来，という観点です。

私たちは，教育学を学ぶことは，みなさんが，自分のこれまでの形成過程を振り返ったり，自分の現在（大学生・青年としての教育・学習など）や自分と教育の未来をしっかりと考えたりするための，とても大事な機会になると考えています。そしてまた，社会が大きく変化するなかで，現在と未来の教育のあり方を見定めることは，みなさんのキャリア形成にとっても非常に重要だと考えています。

こうした考えからこの本では，教育の過去・現在（1990年代後半〜2020年前後）・未来（2020年代以降）を中心にテーマを選びました（目次参照）。これらのテーマは教職をめざす人はもちろんのこと，教職をめざさない人にとってもぜひ考えてほしいものです。

そして本書を通して，自身が受けてきた教育経験を学問的にとらえることのおもしろさを知り，これから自身が担っていく教育のあり方を考える糧にしていってほしいと思います。

この本の構成

第Ⅰ部「教育学へのいざない」では，「教育学を学ぶ」とはそもそもどうい

うことなのか，について考えます。教育学とは何か，教育学の学び方とはどのようなものかなど，教育学を学ぶにあたって，身につけておいてほしい知識・観点を習得していきます。

第Ⅱ部「教育・教育学の展開」では，教育学が対象とするさまざまなテーマの具体的な検討を通じて教育学の考え方について学びます。変化しつつある教育現場の実態を，教育学の多様な切り口から把握していくことを通して，教育学という学問領域の多様性を知るとともに，その魅力についても実感することができるでしょう。

第Ⅲ部「教育・教育学の未来へ」では，今後の社会の変化のなかで，教育と教育学でとくに重要になってくると思われるテーマを扱います。ここでの考察は，みなさんが今後の社会に対応するために，何を学ぶことが大切になってくのかを考える重要な機会になるでしょう。

本書全体を読むことによって，初学者に必要な基本的な教育学の学び方を身につけ，教育学を学ぶおもしろさや意味を実感してほしい，今後の教育学の学修をより深めていってほしい。それがこの本の執筆者に共通する思いです。

植上一希

目　次

第 I 部

教育学へのいざない

第1章

教育学が向き合う教育の変化

　みなさんが教育学を学んでいくうえでまず必要なのは，教育学がどのような機能・役割をもっているのか，ということを把握することです。ここでは，変化が著しい現代の教育に向き合う教育学という観点から，教育学の機能・役割について見ていきましょう。

 **キーワード**　教育学の役割・機能，教育の社会的規定性，標準的キャリアモデル

1. 教育と聞いてイメージするのは何だろうか？

　教育学が対象とする教育について把握することで，教育学の機能・役割も見えてきます。現代の教育について把握するための最初のステップとして，まずは，みなさんがもつ教育のイメージから確認してみましょう。

　5W1Hという整理の仕方はみなさんにもなじみのあるものでしょう。Who（誰が），Why（なぜ），What（何），Where（どこ），When（いつ），How（どうやって）というフレームワークです。ここに，教育という営みの特質を考慮して，Whom（誰に）というもう1つのWを加えて，6W1Hで教育のイメージ

図表1-1　6W1Hでとらえる教育のイメージ

6W1H		一般的な教育としてのイメージ
Who	誰が教えている？	例）大人，学校の先生
Whom	誰を教えている？	
What	何を教えている？	
Where	どこで教えている？	
When	いつ教えている？	
Why	なぜ教えている？	
How	どうやって教えている？	

を確認してみましょう。まずは次のワークをやってみてください。

ワーク1　教育についての一般的なイメージとは？

①みなさんが考える，教育の一般的イメージを，〈図表1-1〉の6W1Hのフレーム
　ワークに沿って整理してください。
②グループワークで各人のワークシートの結果を交流し，共通点を整理してグル
　ープとしてのワークシートを作成してください。
③結果をもとに，なぜ，自分（たち）がそのようなイメージをもったのかについて
　の，理由を考えてみてください。

教育の一般的イメージ

　どうだったでしょうか。いろいろな意見があったと思いますが，下の写真
のような風景をイメージして，ワークシートを整理した人が多かったのでは

図表1-2　教育の一般的イメージの例

図表1-3 教育の一般的イメージ

6W1H		一般的な教育としてのイメージ
Who	誰が教えている？	大人，学校の先生
Whom	誰を教えている？	児童，生徒
What	何を教えている？	教科の内容，勉強
Where	どこで教えている？	学校，教室
When	いつ教えている？	児童期，青年期
Why	なぜ教えている？	学力をつけるために，社会に出てやっていける力を育成するために
How	どのように教えている？	授業，教科書，講義形式

ないでしょうか。

　こうしたイメージをもとに，教育の一般的イメージについて6W1Hで整理すると，筆者が担当する授業ではおおよそ図表1-3のような意見が多くなります。

2. 今までの教育の特徴

学校教育中心の教育展開

　実際，20世紀後半の日本の教育は図表1-3でみなさんがイメージしたように，児童・生徒を対象とする学校教育中心に展開してきたという特徴をもっています。

　1947年の学制改革により小学校・中学校は義務教育とされました。義務教育段階後の進学率も上がりつづけ，高校進学率は約99％とほぼすべての人が高校まで進学するようになっていますし，高校卒業後の進学率（大学進学，短期大学進学，専門学校進学＋高等専門学校4年次在学）も80.6％になっています（『平成29年度学校基本調査』）。

多くの人々が一定の時期まで，学校において日常的に教育を受けるようになった社会に私たちは生きており（本書9章・10章参照），だからこそ，一般的な教育のかたちとして図表1-3のように児童・生徒を対象とする学校教育がイメージされやすくなるのです。

〈児童・生徒に対する学校教育─社員に対する企業内教育訓練〉の定着

　こうした児童・生徒を対象とする学校教育中心の教育の展開には，20世紀後半の日本社会のさまざまな要素が関連しています。ここでは，日本型雇用のもとで社会的に定着した「学校を卒業したらすぐに就職して，長期雇用のもとで正社員として1つの企業で働きつづける」という標準的キャリアモデルとの関連に着目して見てみましょう。

　そもそも，日本型雇用とは長期雇用・年功型処遇・新規学卒採用・企業内教育訓練などによって特徴づけられる大企業の男性労働者の雇用モデルです。日本型雇用では，まず，高校や大学の新卒者を正社員として採用します（新規学卒就職／採用）。そして，この新卒者に対して長期雇用のもと企業内教育訓練を行い，彼らを企業にとって役立つ人材に育成します。また，育てあげた労働者が辞めてしまうことを避けるために，年齢に応じて処遇を上げる年功型処遇を採用し福利厚生も充実させます。こうした雇用モデルのもと，「学校を卒業したらすぐに就職して，長期雇用のもとで正社員として1つの企業で働きつづける」というキャリアモデルがつくられ，それが大企業以外にも次第に広がることで，「標準的キャリアモデル」として20世紀後半の日本社会に定着していったのです。

　そして重要なのは，このような標準的キャリアモデルの定着のなかで，〈児童・生徒の教育は学校教育─大人の教育は社員に対する企業内教育訓練〉というかたちの教育─人材育成観が社会的に定着していったということです。それにより，大人の教育は正社員を対象とした企業内教育訓練が中心と

なり，他方で，それ以外の大人を対象とする教育はなかなか広がりを見せることはありませんでした。

学校教育における教科学力の重視

　標準的キャリアモデルとの関連は，学校教育の目的や内容にも及んでいます。

　図表1-3において，Whatでは「教科の内容」，Whyでは「学力をつけるために」と記していますが，実際，従来の学校教育においては，教科が教育内容編成の軸となり，それらの教科内容の知識やスキルの習得を主とする「教科学力」を育成することが中心的な目的とされてきました（武井2017）。

　他方，日本型雇用のもと，長期雇用を前提とした新規学卒採用後の配置決定と企業内教育訓練による技能形成という人材育成のかたちが定着していくなか，採用時において企業は，新卒者の学業成績を選考の基準におくようになりました。また，そうした採用動向に対応するために，生徒や親たちのなかでも普通科志向や学歴志向が強くなっていきました。

　このような動きが合わさることで，学校教育における普通教科中心の教科学力が重視されてきたのです。

20世紀後半の日本社会の状況と教育というとらえ方

　上記の検討をふまえて，みなさんにまず理解してほしいのは，以下のポイントになります。

①20世紀後半の経済成長のなかで日本型雇用が広がり，「学校を卒業したらすぐに就職して，長期雇用のもとで正社員として働きつづける」という標準的キャリアモデルが定着した。

②それに対応して，〈児童・生徒に対する学校教育－社員に対する企業内教

育訓練〉という教育のかたちが社会的に定着し，学校教育においては普通科や教科学力が重視されていった。

③その反面，それ以外のキャリア形成や教育のあり方に関する議論はなかなか広がらなかった。

これは，1節で行ったワーク1の③に対する1つの答えにもなります。もう一度，③で自分たちが出した意見と照らし合わせてみてください。

3. 変化が求められている教育

しかし，こうした教育のあり方は，現代の急激な社会変容のなかで大きな変化を求められています。変化は多岐に及びますが，ここでは，近年の教育の変化と強く関連している，標準的キャリアモデルの揺らぎと，教科学力以外の多様な「能力」の社会的要請という2つの要素に焦点をあてて見てみましょう。

標準的キャリアモデルの揺らぎとキャリア形成の変化

2節で見たように，〈児童・生徒に対する学校教育−社員に対する企業内教育訓練〉という教育−人材育成の枠組みは，「学校を卒業したらすぐに就職して，長期雇用のもと1つの企業で働きつづける」という標準的キャリアモデルに対応してきました。

しかし，その標準的とされてきたキャリアモデルが，現在，大きく揺らいでいます (本書14章参照)。1990年代半ば以降，経済環境の変化に対応するために多くの企業が，長期雇用・年功型処遇・新規学卒採用・企業内教育訓練を柱とする日本型雇用の見直しを進めてきたからです。

図表1-4　大人のキャリア形成に関する教育の例

6W1H		大人のキャリア形成に関する教育事例
Who	誰が教えている？	専門家，職業訓練指導員，大学・専門学校教員
Whom	誰を教えている？	成人，労働者，求職者，社会人学生
What	何を教えている？	専門知識，職業技能，教養
Where	どこで教えている？	民間教育機関，職業訓練施設，大学，専門学校
When	いつ教えている？	成人期，転職期間，夜間
Why	なぜ教えている？	技能形成，キャリアアップ，学び直し
How	どうやって教えている？	e ラーニング，アクティブラーニング

　たとえば，「リストラ（人員削減）の推進」，「非正規雇用（派遣社員，契約社員，フリーター）の活用」といった言葉はみなさんも見聞きしたことがあるのではないでしょうか。これらの言葉が頻出するようになった背景には，多くの企業が新卒者を正社員として長期雇用していく枠を狭め，有期雇用や非正規雇用の枠を広げてきたことがあります。実際，1992年の非正規雇用労働者の数は1053万人で労働者のなかで占める割合は21.7％でしたが，2012年では2042万人となり，占める割合も38.2％と激増しています（『就業構造基本調査』2012年）。

　このように，日本型雇用自体が縮小的に再編され，従来の標準的キャリアモデルが大きく揺らぐなか，働く人々のキャリア形成のあり方は大きく変化しています。標準的キャリアモデルでは，1つの企業で働きつづけることを前提に，企業内教育訓練を通して技能形成を行っていくことが，キャリア形成のあり方でした。しかし，標準的キャリアモデルが揺らぐなかでは，転職を前提としたキャリアを自身でデザインしていくことが必要となり，それにそくして自身の技能形成をしていくことが，働く人々には求められるようになっています。いわば，企業に頼らずに学びつづける必要性が高まっているのです。

　こうしたキャリア形成の変化に対して，教育－人材形成のあり方も変化を

求められています。大人を対象とする教育に着目するならば，大人のキャリア形成には企業内教育訓練という従来の人材育成のあり方では，こうした働く人々のニーズに対応することはできません。たとえば図表1-4のような，従来あまり整備されてこなかった企業内教育訓練以外の教育機会を拡充していくことが求められています。

〈新しい能力〉の登場と学校教育への期待の変化

一方，社会変容のなかで求められる能力も変化しており，児童・生徒を対象とする学校教育のあり方も変化が求められています。図表1-5は1990年代後半以降，求められる力として議論されてきたものの一部をまとめたものですが，これを見ても従来の「学力」とは異なるものが多様に求められるようになっていることがわかります。

1990年代後半以降，日本において登場してきたこれらの諸概念を〈新しい能力〉概念としてとらえる教育学者の松下佳代は，〈新しい能力〉概念が次々と登場してきた背景について，「ポスト近代社会，知識基盤社会，生涯学習社会といわれる現代社会に必要な『力』を表現する」にあたって，従来の「学力」では難しいという認識が広がったためと述べています。20世紀後半の日本社会において主流とされてきた「学校教育における教科学力の重視」という教育のあり方が，「現代社会に必要な『力』」という観点から広く問題視されるようになったことの反映といえるでしょう。

図表1-5　学校教育に期待される「新しい能力」の代表例

初等・中等教育	「PISAリテラシー」，「キーコンピテンシー」，「生きる力」，「人間力」
高等教育	「コンピテンシー」，「学士力」，「就業基礎能力」，「社会人基礎力」，「汎用的技能」

出所）松下編著（2010）をもとに筆者作成。

こうしたなか，2020年度から順次進められる予定の学習指導要領改訂では，教育課程編成の原理として，「何を知っているか」というコンテンツ・ベースから「何ができるのか」というコンピテンシー・ベースへの転換が明確に打ち出されました。20世紀後半の日本の教育を特徴づけてきた「学校教育における教科学力の重視」も，大きく変化しようとしているのです。

　もちろん，現代の社会変容はこれらにとどまりません。急速に進むグローバル化，IT・ICTなどに見られる急速な技術革新，加速する少子高齢化，都市と地方の関係の変化（「地方消滅」の危機），格差拡大・貧困の深まりなど，さまざまな社会変容が進んでいます。こうした社会変容のなかで，教育も大きく変化していく時代に私たちは生きているのです。

4. 教育の変化に向き合う教育学

　では，みなさんがこれから学んでいく教育学は，今まで述べてきたような社会状況・教育状況といかなる関係をもっているのでしょうか。そして，みなさんにとってどのように役立つのでしょうか。その点について，1章のまとめとして見ていきましょう。

教育学の機能・役割

　教育学とは教育という営みを対象とする科学的な知の集積・体系であり，その領域は教育の多様性に対応して広く展開しています（この点については2章で扱います）が，機能・役割に着目すると大きく以下の3つに分類することができます。

①教育の社会的規定性や歴史的規定性に関する研究

　第1が「教育はいかに行われているか」,「どのように行われてきたか」といった問いをもとになされる研究です。2節・3節でも見てきたように,教育はそれぞれの社会・時代状況によってそのあり方が規定される営みです。さまざまな社会・時代状況のもとで営まれてきた多種多様な教育の事実を科学的に明らかにする機能・役割を,教育学は有しています。典型的な研究領域としては,教育の社会的規定性を対象とする教育社会学や,教育の歴史的規定性を対象とする教育史学などがあげられます。

②教育の概念や価値に関する研究

　第2が「教育とは何か」,「教育とはどうあるべきか」といった問いをもとになされる研究です。「教育とは,誰かが意図的に,他者の学習を組織化しようとすることである」(広田2009)と定義されるように,教育者が有するそれぞれの目的や価値観によって教育は形づくられています。さまざまな教育のあり方を方向づける価値や概念について検討していく機能・役割を,教育学は有しています。典型的な研究領域としては,教育哲学などがあげられるでしょう。

③教育の計画・実践に関する研究

　第3が「教育をどう行うか」,「教育をいかにつくるか」という問いに関する研究です。教育目的 (Why) の基本的な方向づけのもと,教育に関するその他の5W1Hが計画・実践されることで教育は具体化・現実化します。そうした計画・実践について検討する機能・役割を教育学は有します。

　典型的な研究領域としては,教育方法等を対象とする教育方法学,教育内容や教育機関を対象とする教育制度学・教育行政学,被教育者の心理的理解を目的とする教育心理学などがあげられます。

教育のあり方を常に問いつづける科学的営為として

このような機能・役割を有する教育学が，現代的な対象とするのは変化が求められる現代の教育の諸課題にほかなりません。①現代の社会状況のなかで教育はいかに行われているのかという事実を明らかにし，②さまざまな社会変化のなかで求められる教育の価値・目的について問い，③具体的な計画や実践について科学的に検討していく役割を現代の教育学は担っています。

こうした教育学の機能・役割を，教育学をこれから学んでいくみなさんにはまず認識してほしいと思います。なぜなら，社会のあり方，教育のあり方が著しく変化していく時代に生きていくみなさんにとって，教育学において集積された知は間違いなく役立ちますし，必要なものとなるからです。そのような観点で，教育学を学んでいってほしいと思います。

参考文献
乾彰夫『日本の教育と企業社会――一元的能力主義と現代の教育=社会構造』大月書店，1990年
苅谷剛彦『大衆教育社会のゆくえ――学歴主義と平等神話の戦後史』中公新書，1995年
木村元・小玉重夫・船橋一男『教育学をつかむ』有斐閣，2009年
武井敦史「カリキュラム改革におけるコンピテンシー強調の背景とその課題」『学校経営研究』第42巻，2017年
広田照幸『ヒューマニティーズ　教育学』岩波書店，2009年
松下佳代編著『〈新しい能力〉は教育を変えるか――学力・リテラシー・コンピテンシー』ミネルヴァ書房，2010年

（植上一希）

第2章

教育学のイメージを広げる

──教育学を学ぶ意味の多様性

　1章では，社会の変化に対応するために，教育学を学ぶ必要性があると述べてきました。2章では，みなさんにとって，より具体的に教育学を学ぶ意味について見ていきましょう。

 **キーワード**　教育・教育学のイメージ，教育学の役割，教育学を学ぶ意味

1. 教育のイメージを広げる

既存の教育・教育学のイメージの狭さ

　1章でもふれたように，「教育」という言葉を聞いて，多くの人がイメージするのは，「教育＝学校教育」というものです。そして，そのイメージをもとに教育学も「学校教育についての学問」とイメージされがちです。

　しかし，結論からいうなら，これらのイメージは非常に狭いとらえ方です。意欲的に学んでいくためには，こうした教育や教育学に対するイメージを広げていくことが大切です。まず，教育のイメージから広げていきましょう。

学校の外に広がる教育の場

　教育の場という観点で教育のイメージを広げてみましょう。

　図表2-1は，児童・生徒の教育の場についてのイメージ図です。その教育の場として主にイメージされるのは学校ですが，この図にあるように，実際には学校以外にも，社会教育，民間教育，家庭教育，そして児童福祉施設など多様な場所で教育はなされています。学校よりも，むしろこうした学校外教育の影響を強く受けているという人も少なくありません。

　また，図表2-2を見てもわかるように，多様な教育の場に応じて，教育の担い手も多様です。このように，児童・生徒に絞ってみても，教育の場や教育の担い手は，学校や学校教員以外にも多様に広がっているのです。

図表2-1　児童・生徒の教育の場のイメージ

【学校教育】 ・小学校 ・中学校 ・高校 ・大学	【社会教育】 ・公民館 ・図書館 ・博物館
児童・生徒の教育の場	
【民間教育】 ・塾 ・NPO ・フリースクール ・習い事	【その他】 ・家庭 ・児童福祉施設 ・児童厚生施設

図表2-2　さまざまな教育の担い手

社会教育：司書，学芸員，社会教育主事，公民館主事
民間教育：塾講師，各種スクールの「先生」，フリースクール指導員
その他：親，児童指導員，放課後児童指導員，児童館職員

大人だって学ぶし，教育を受ける

　次にライフステージという観点で，教育のイメージを広げてみましょう。

　一般的に教育を受ける者としては児童・生徒がイメージされがちですが，それも狭いといえるでしょう。人は学校教育を終えたあとも学びつづけますし，それらの学びに対してさまざまな教育がなされているのです。

　たとえば，学校卒業後多くの人は「生徒（学生）」から「労働者」になっていきますが，労働者になるからといって学ばなくなるわけでもないし，教育を受けなくなるわけでもありません。むしろ，働くことと学ぶこと・教育することは密接に関連しており，多様に展開されているのが現実です。1章でも見たように，社員に対する企業内教育訓練はもとより，多様な職業に対応する職業教育訓練も存在します。自分自身のキャリア形成のために，自己啓発を心がける人も少なくありません。

　労働の場以外においても，文化・趣味活動，地域活動，社会活動など多種多様な大人の学習・教育があり，こうした生涯にわたる学習・教育は生涯学習・生涯教育と呼ばれています。1章でもふれましたが，これからの社会においては，社会の変容に対応し自身のキャリアをデザインしつづける必要，そして，生涯にわたって学びつづける必要があります。青年期までの学校教育で対応できる時代ではなくなっているのです。生涯にわたる学習・教育（＝生涯学習・生涯教育）という観点で，教育をとらえていく必要があります。

社会のメンバーを育成することで社会をつくりあげていく教育

　教育は社会のメンバーを育成するという観点も，教育のイメージを広げるのに役立ちます。

　ミクロな視点で見れば，教育とは個々人の学びに働きかける営みですが，それらを集積したマクロな視点で見ると，教育とはさまざまな「社会」のメ

ンバーを育成する営みとしてとらえることができます。たとえば，次の国家を担うメンバー（＝国民）を育成する教育，会社のメンバー（＝社員）を育成する教育，部活やサークルのメンバー（＝部員）を育てるための教育など，すべての教育は，「社会」のメンバー育成という観点でとらえることもできます。

　そして，重要なのが，そうしたメンバーによって次の社会がつくられていくという点です。たとえば，今教育を受けている子どもたちは，大人として将来国の担い手になっていくのであり，当然のことながらそれによって国のあり方も変わっていくことになります。いわば，教育は社会のメンバーを育成することを媒介にして，次の社会をつくりだす営みともいえるのです。

2. 教育学のイメージを広げる

教育の多様な領域に対応する教育学

　次に，教育学＝「学校教育についての学問」というイメージを広げていきましょう。図表2-3を見てください。これは，田中智志という研究者がつくった教育学の広がりを示した図です。1節で見たように教育はさまざまな領域・次元で展開されており，それに対応してこうした多種多様な領域が広がっていることをまずおさえてほしいと思います。

教育の現実を把握するという役割

　では，これらの教育を対象とする学問は何のためになされているのでしょうか。ここでは，とくに重要な2つの役割をおさえておきましょう。

　第1は教育の現実を把握するという役割です。そもそも，教育学に限らずすべての学問は，対象とする事象を正確にとらえることを目的としていま

図表2-3　教育学の分布図

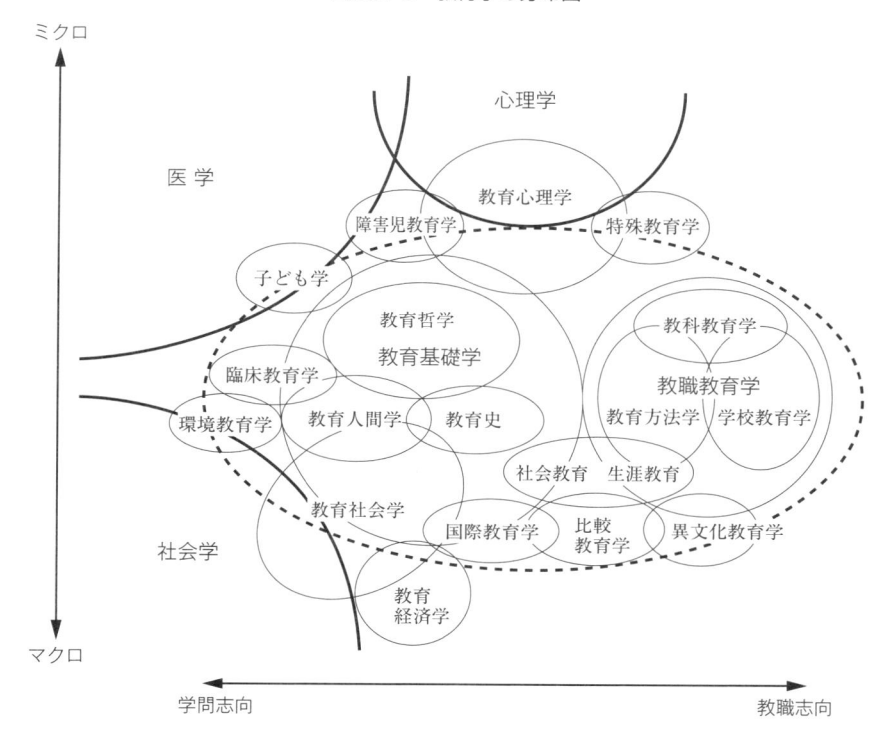

出所）田中（2003）。

す。そのなかで，教育学は教育に関する諸事象を把握する役割を担っています。

　この役割は学問としては当たり前のことなのですが，残念ながら教育学に関してはそれが過小評価される傾向にあります。なぜなら，誰しもが教育の経験を有しており，そうした経験にそくして主観的に教育について語ることが「できてしまう」からです（詳しい理由等については本書15章も参考にしてください）。実際，教育学を学ぼうとする学生のなかにも，自分の経験や感覚（なかには「好き嫌い」のレベル）のみで教育をとらえようとし，複雑な現実を単純化しようとしたり，自分にとって好ましくない事実からは目を背けようとしたり

する人は少なくありません。

　しかしながら，教育について考えるためには，まずは現実をしっかりと把握することが不可欠です。その役割を教育学は担っています。

教育のあり方を批判的に考えるという役割

　第2は教育のあり方を批判的に考えるという役割です。これも他の学問に共通することですが，多くの教育学研究者は，現在の教育について「正しい」とか「問題はない」ととらえて研究をしているわけではありません。むしろ逆で，「問題がある」と考えたり，「もっと発展する」と考えたりするからこそ，教育についての研究を行っています。

　1章や前節でもふれたように，教育のあり方は社会のあり方と深く関係しています。ある時代にとって「当たり前」だった教育も，時代が変われば「当たり前」ではなくなります。また，誰かにとって「当たり前」（≒有利，好都合）な教育も，ほかの誰かにとっては「当たり前」ではない（≒不利，不都合）教育になりえます。教育が社会のさまざまなニーズに対応するものである以上，それらをすべて満たす絶対的に正しい教育のあり方というのは存在しえません。そして，だからこそ，教育学は不断に教育のあり方を批判的に問いつづけるという役割を担っているのです（なお「批判」と聞くと，「否定的に」や「非難する」などのイメージがあるかもしれませんが，ここでは「ものごとを論理的・多面的・客観的にとらえる」といった意味で用いています）。

　教育学を学ぼうとする学生のなかには，現在の「当たり前」に適応することを疑わなかったり，自身にとっての「当たり前」を当然視したりしたまま教育をとらえてしまう人もいます。しかし，教育は多様であり，かつ変化しつづける営みです。それに対応するためには，教育のあり方を批判的に考えることが不可欠です。その役割を教育学は担っているのです。

3. 社会や自分のことを考える
ツールとしての教育学

　では，みなさんにとって教育学を学ぶ意味は何なのでしょうか。3節，4節では教育学を学んでいる上級生の意見を参考にしながらそれを考えますが，その前に，今まで見てきたことをふまえて次のワークをしてみましょう。

ワーク1　「教育学を学ぶ意味」を考える

　自分にとって「教育学を学ぶ意味」について，箇条書きで要素を書きあげてみましょう。

　どうでしょうか？　あまり書けなかった人もいれば，教育学に多くのことを期待している自分に気づいた人もいるでしょう。多様な意味づけがあると思いますが，以下ではまず，自分や社会のことを考えるツールとしての教育学という観点で，その意味を整理していきましょう。

自分自身について考えるためのツールとして

　まずは自分自身について考えるためのツールとして教育学が意味づけられるという点について見ていきましょう。

〈2年生Aさん〉　普通の学校になじめず，フリースクールと通信制高校に通っていました。そこで，自分のことを大切に思えることができ，それまで自分が学校に強くとらわれていたと知りました。教育学を通して，自分がなじめなかった学校となじめたフリースクールを比較できるし，それによって自分のことについてもじっくり考えることができています。

Aさんが述べているのは，教育学を用いて教育について考えることが自分を知ることにつながるというとらえ方です。Aさんは「普通の学校になじめなかった自分」という過去をみつめ，他方で「フリースクールや通信制高校によって自分のことを大事に思うことができた」と今までの教育と自分の関係を整理し，それらの教育機関について学ぶことで自分についても考えることができていると述べています。

　Aさんがいうように，みなさんは学校教育をはじめとしてさまざまな教育を受け学びつづけている存在であり，言い換えるならば教育から多くの影響を受けて自己形成をしています。「自分に最も影響を与えた〇〇教育はそもそもどのようなものだったのか」や「なぜ，△△教育は自分には合わなかったのだろう」という問いから，自分自身について考えることができるのです。

〈3年生Bさん〉　教育社会学や生涯学習論を学ぶことを通じて，今後のキャリア形成について具体的な課題や方法を学べています。「なりたい自分」を想定して，そのためにどのような学びが必要なのか。そういう観点でいつも過ごせるようになったことが1番の収穫です。

　他方，Bさんは，自分自身を変えていくための知識や観点を教育学から得ることができると述べています。Bさんが述べるように，みなさんはこれからも学びつづけることを通して，自分の今後のあり方を主体的に決めていくこともできるのです。教育学はそのための知識や方法を得るツールとしても大いに役立ちます。

これからの社会や教育のあり方を考えるためのツールとして

　次に，これからの社会や教育のあり方を考えるためのツールとして，教育学が意味づけられるという点について見ていきましょう。

 〈3年生Cさん〉　教育のあり方によって貧困の連鎖が続くこともあれば，連鎖を打ち切ることもできることを知り，教育の重要性を実感しました。私自身貧困家庭出身で，大学に行くこと自体とても苦労しているのですが，その苦労を取り上げてくれる教育学との出会いが私を支えています。今は，授業で紹介された学習支援のボランティア活動をしています。学びたくても学べない子どもたちへの教育的な支援を充実させることで貧困の連鎖を減らしたいと考えています。

 〈4年生Dさん〉　地域調査を通して地方の学校が統廃合されていること，それによって地方がますます衰退している現実を知りました。一方で，特色のある学校づくりをすることで人口が増えている地域もあります。今後の地方を考えるうえで，学校教育や社会教育が大きな鍵になると考えていて，大学で得た教員免許と社会教育主事の資格と知識を活かしたいと思っています。

　Cさん，Dさんがともに述べているのは，教育のあり方によって社会のあり方も変わるという点です。Cさんが述べるように，貧困によって学ぶ機会が乏しいがゆえに大人になっても貧困に陥るという悪循環は，貧困層への教育のあり方を変えることで止めることができます（本書4章参照）。また，Dさんが述べるように，地方の学校が減少し子育て世代や子どもがいなくなることで地域自体が衰退するという悪循環も，学校教育や社会教育のあり方を変えることで止めることは可能です（本書13章参照）。1節でもふれたように，教育は社会のメンバーを育成する営みであり，それを媒介にして社会をつくりだす営みです。そのメカニズムや実践等を理解することを通して，私たちは次の教育や社会のあり方を考えることもできるのです。

4. 職業に必要な知識やスキルを
身につけるための教育学

　3節のワークで職業的な観点から教育学を学ぶ意味を書いた人も多いでしょう。4節では，卒業後の職業との関係に絞って教育学を学ぶ意味について考えていきます。次のワークをしてみましょう。

ワーク2　卒業後の職業との関連で教育学を学ぶ意味をとらえる

①卒業後の職業として最も近いタイプを下から選んでみてください。
・学校教師になりたい気持ちが強い。
・学校教師に限らず，教育に関連する職業（教師は選択肢の1つ）をめざす。
・教育とは関係のない職業をめざす，もしくは進路未定。
②①の3つのタイプの人がどういう動機で教育学を学ぶのか，考えてみましょう。

　どうでしょうか。同じタイプの人と意見を交換してその特徴をまとめたり，他のタイプの人との違いや共通点をみつけたりしてみてください。以下では，職業との関係で教育学を学ぶ意味について，3つのポイントを見ていきます。

さまざまな職業に汎用性のあるツールとして

　まず指摘すべきは，どんな業界・職業に就いても教育という営みには必ず関わっていくということです。1節で紹介した企業内教育訓練や職業教育訓練というキーワードを思い出してください。職場等において教育されることもあれば，後輩や部下に対して教育する側になることもあるでしょう。そうした営みについて考え実践していくうえで，教育学は役立ちます。
　「教師にならないなら教育学を学ぶ意味なんてない」という声をしばしば

聞くこともありますが，それはまったくの誤解です。さまざまな業界・職業に汎用性のあるツールとして教育学は機能するのです。

教育に携わる専門職として必要な知識やスキルを学ぶ

　次のポイントは，教育に携わる専門職としての必要な知識やスキルを，教育学を通して身につけるというものです。たとえば，次のEさん，Fさんのような考え方です。

〈3年生Eさん〉　教師として必要な能力は多岐にわたります。授業づくり，学級運営，生徒指導などの日常の業務に不可欠なスキルはもちろんのこと，学校とは何かとか，教師とは何かとか，教師についての根本的なことについても，教育学を通して学ぶことができていると感じています。

〈4年生Fさん〉　スクールカウンセラーとして子どもたちに寄り添いたいと考えて，公認心理士をめざしています。ただ，子どものことを理解したり，教育の現実を知ったりするためには臨床心理の知識やスキルだけじゃたりないと考えています。教育学の知識やスキルを活かした心理の専門家になるというのが，私にとっての教育学を学ぶ意味です。

　ここで強調したいのは，教育という営みに職業として携わるのは学校の教師だけではない，ということです（図表2-2参照）。民間企業に目を向ければ塾や各種の「スクール」で教育を行う「先生」は数多くいます。また，公民館や図書館などで働く職員も教育関連職ですし，少年院等の矯正施設で働く法務教官，児童福祉施設で働く児童福祉司なども教育関連職といえるでしょう。さらに近年では，教育関連のNPOやeラーニングビジネスなどの新しい教育関連職が次々と生まれており，こうした新しい教育関連職をめざす人た

ちも増えています。また，臨床心理士・公認心理士，保育士，介護職といった対人援助職の種類やニーズも近年では増加しており，対人援助の専門性を向上させるために教育学を学ぶ人も少なくありません。

Eさんのように学校教師をめざす人はもちろんのこと，Fさんのように教育関連職をめざす人にとっても教育学を学ぶことで，職業に必要な知識やスキルを修得することができるのです。

変化・多様化する教育ニーズに対応するために

3つ目のポイントは，社会や教育の変化・多様化に応じて教師や教育関連職のあり方も変わり，必要な知識やスキルも変化・多様化するということです。2節の最後で述べたように，教育のあり方を批判的に考えるのが教育学の役割の1つ。当然のことながら，それは，教育に携わる専門職のあり方を批判的に考えることを含みます。

〈4年生Gさん〉 教育学を学んだり教育実習に行ったりするなかで，教師の理想的・将来的なモデルと，現場の教師の現実との乖離を強く感じます。とくに50代以上の先生方の常識や専門性と，私たちの世代の教師に求められるものは大きく違っていると考えています。率直にいって，彼らの考え方やスキルではこれからの教育に対応できないと強く感じます。社会状況の変化に応じて，私たちが新しい教師像をつくらないといけないと考え，若手の教師と研究者で行う自主的な研究会等にも参加しているところです。

Gさんが述べるように，今までの教師にとっての「当たり前」は，みなさんにとっての「当たり前」ではなくなってくるでしょう。また，誰かにとっての「良い」教師も，ほかの誰かにとっては「良い」教師ではないことも多々あることです。このように変化・多様化する教育ニーズに対応するため

に，教育学を学ぶという意味づけもこれからの社会を生きるみなさんにとって必要です。

参考文献
田中智志『教育学がわかる事典』日本実業出版社，2003年
広田照幸『ヒューマニティーズ　教育学』岩波書店，2009年

（植上一希）

第３章

教育学を学ぶための
ポイント

──専門用語を習得していく

　これからみなさんが実際に教育学を学んでいくにあたって，どのようなことに注意していけばいいでしょうか。3章では，教育学で用いられる概念や理論などの専門的な用語を習得していくという点に注目して，教育学を学ぶためのポイントについて考えていきましょう。

 キーワード　　概念，理論，客観的根拠

1. 教育について正確に把握し
　深く考えるために

教育学を学ばなくても得られる知識や思考とその限界

　教育学を学ばなくても，教育について知ったり考えたりすることはできます。たとえば，教育に関する小説や漫画を読んだり，ドラマやドキュメンタリーを観たりすることで，教育についての知識を広げたりすることは多いでしょう。また，長期間にわたって教育を経験してきたなかで，教育について

知ったことや考えたことも数えきれないほどあるでしょう。経験からしか得られないものはたくさんありますし，それぞれの感情や思いも含む主観的な思考は，とても大事なものだと私たちは考えます。

　ただし，一方で，こうした経験や主観のみで知りえることや考えられることに限界があるのも事実です。そして，そうした限界を超えて教育についてのより深い知識や思考を得ていくために，教育学を学ぶことは大いに役立ちます。1節では，その点をまず見ていきましょう。

教育学の概念や理論を用いて教育をとらえていく

　教育は，非常に多くの要因で構成され，それらが複雑に関連して行われている具体的な営みです。そうした教育の諸事象について正確に知ろうとしたり，深く考えようとしたりするときには，教育学が用いる概念や理論，データなどといった科学的な「道具」がどうしても必要になってきます。

①概念
　概念とは，あるカテゴリーに含まれるものごとに共通する特性を取り出した（抽象化した）もので，私たちはこの概念を用いることで認識を合理的なものにしています。

　たとえば，「学校」も概念の1つです。すでに本書の1章・2章でも用いてきましたが，この「学校」という概念は，学校A，学校B，学校Cといった個々の学校をさすのではなく，それらも含めて学校としてカテゴライズされるものに共通する特性（例：教師がいる，多数の生徒がいる，教室がある……）をみなさんにイメージさせます。その概念を用いることで，私たちはスムーズに「学校」についての考えを整理したり，他者との議論を進めたりすることができるようになるのです。

　そして，その際，概念の厳密な定義と適用範囲の明示化がなされること

が，ものごとの正確な認識にとって重要な条件になります。教育についての認識を深めるにあたって，教育学において用いられる専門的な概念＝専門用語を学ぶ必要性はここにあるのです。

②理論

　理論とは，個々の事象を法則的・統一的に説明できるように筋道を立てて組み立てられた知識の体系です。

　そもそも，教育に限らず，現実世界の諸事象は非常に多くの要因が複雑に関連して営まれており，それを把握しようとするのはじつは非常に難しいことです。こうした複雑な世界に向き合おうとするとき，理論は私たちの思考や行動の重要な拠り所になります。教育学において蓄積されている諸理論は，私たちが教育の諸事象における本質的な要因を見極めそれらの相互関係を理解するための知見を与えるものであり，それらなくして教育について深く考えることはできません。

③根拠（データ）

　ある対象について考えるためには，その基礎となる事実，参考となる資料・情報が必要です。また，ある事柄について他者に自身の考えを説明するためには，客観的な根拠が必要となります。科学的な方法によって蓄積されてきている教育学におけるデータは，教育について考えるための基盤となるものです。

　概念，理論，データなどを駆使することによって，教育という営みをできるだけ正確に把握し深く検討しようとしているのが教育学です。そして，そうした教育学を学ぶことを通して，みなさんは教育についてのより深い知識や思考を得ることができるのです。それが教育学を学ぶ主たる目的となります。

その意義や魅力については第Ⅱ部・第Ⅲ部の各章を読むなかで実感してもらうことにして，この章では教育学で用いられる専門的な概念＝専門用語を習得していくにあたって，初学者のみなさんにとっておさえておいてほしい基本的なポイントを見ていきましょう。

2. 教育学の専門用語に慣れていく

初学者のみなさんがまずぶつかるのは，教育学で用いられる専門的な概念＝専門用語という壁です。これまでほとんどふれてこなかった教育学の専門用語に慣れていかないと，教育学がとらえる教育についての知識や思考を得ることもできません。ですので，これらの専門用語に慣れていくというのが，教育学を学ぶ最初のステップです。

たとえば，次の文章は教育学の研究者が一般の読者向けに書いた新書の一部です。読んでみましょう。

　　社会の大きな変化や知識基盤社会の到来を踏まえ，学校教育でもコンピテンシー・モデルへの転換が図られました。これまで日本の学校教育は学習指導要領も含めて「何を知っているのか」という個別の知識・技能の内容重視（コンテンツ・ベースト）の教育だと考えられてきました。これに対して，コンピテンシー（competency）とは，習得した個別の知識や技能を活用して，実生活の諸場面で直面するさまざまな問題解決に向けて「何ができるのか」という「資質・能力」を主にさします。思考力・判断力・表現力，対人能力，自己調整能力などの「学びに向かう力・人間力」を育むことが学校教育を通じて期待されるようになりました（小針2018）。

日本語で書かれているので「文字を追う」という意味で読むことはできると思います。ただし，知識基盤社会，コンピテンシー・モデル，コンテンツ・ベースト，学習指導要領などの概念の定義を正確に知っている人は多くないでしょう。そうなると，結局のところ，この文章が表している教育の現実を正確に読み取ることはできないことになります。

　こうした事態は概念にとどまりません。教育学の授業を受けたり本や論文を読んでいったりするなかで，さまざまな理論やデータが用いられていきますが，それらについて理解していないと，そもそも文章の意味を読み取ることすらできないのです。

　実際，初学者の多くが陥りがちなのは，こうした専門用語に不慣れなため，教育学の授業や文章が意味することを正確に把握することができないということです。とはいえ，なんとなく日本語としては読めてしまうし，教育については今までの経験もあるのでなんとなくわかった気もするから，概念や理論の理解不足という問題を放置してしまう。しかし結局のところ，学習が進むにつれて意味がわからなくなってくるので，教育学に対する興味も失ってしまうのです。そうならないためにも，まずは，教育学の専門用語に慣れていくことが必要です。

　こうした専門用語に慣れるのは，最初はしんどいことかもしれません。ただ，どんな道具も慣れるにつれて自然に用いることができるものです。教育学の専門用語も，それらの道具と同じように考えてみるといいでしょう。ある程度使いこなせるようになると，一気に，教育の世界の見え方が変わってきます。

ワーク1

　上で引用した文章であげたキーワードの意味を教育学や社会学の事典などで調べたうえで，もう一度上記の文章の意味を考えてみましょう。

ワークをしてみてどうでしたか。上記の文章の意味合いが少し違って見えてきたのではないでしょうか。未知の概念や理論に出会ったら，専門の事典で調べてみるという習慣をぜひつけてください。

3. 専門用語の使われ方・使い方を知る

　教育学の専門用語にまずは慣れるというのが，初学者にとって必要な第1のポイントでした。第2のポイントは，教育学で用いられる専門用語の使われ方・使い方を知るということです。

専門用語の使われ方・使い方を知るということ

　万能な道具は存在しません。対象・目的に適合する道具を選び，適切に使用することで，私たちは目的を達成することができます。

　同様に，教育学において用いられる専門用語も万能ではありません。把握したい教育現実，考えていきたい教育テーマといった，それぞれの対象・目的に適合する概念や理論を適切に用いることで，私たちは目的を達成することができます。逆にいうと，対象・目的に不適合な専門用語を選んだり，不適切なかたちでそれらを用いたりしては，教育の知識や思考を深めることはできません。「重要なことは対象にいかに適切にアプローチしその解明に貢献するかである」(天野ほか1996) という教育社会学者の天野郁夫の言葉は，この点についての端的な指摘といえるでしょう。

　それをふまえたとき，初学者のみなさんにもっておいてほしい第2のポイントは，これから出会っていく教育学の専門用語の使われ方・使い方を理解していくということになります。ここでは，大学生がレポートなどを書くと

きに陥りがちな失敗例を題材に，専門用語を適切に使うことの意義について確認しましょう。

理論や概念にも消費期限がある

さっそく，以下のワークをもとに考えてみましょう。

ワーク2

　1年生のHさんが，教育学の授業で以下のような発表をしました。以下の文章を読み，①Hさんが知りたい対象・目的とそのために用いた専門用語を整理し，②何か問題がないかどうか，考えましょう。

　私は，現在の大学進学をめぐる問題を検討したいと思い，図書館でみつけた一橋大学教授の久冨善之『競争の教育——なぜ受験競争はかくも激化するのか』（労働旬報社，1993年）を調べました。久冨教授は大学受験をめぐって受験生が苛烈な競争にさらされていることを「受験競争の激化」という言葉でとらえています。久冨教授の説明によると，1975年から「受験競争」は激化しており，その背景には18歳人口と大学進学希望者の増加に対して，大学の入学定員の抑制により大学進学率が30％台後半で打ち止めにされているという要因があるとしています。
　私は，久冨教授が用いた「受験競争の激化」という言葉こそ，現在の大学進学をめぐる問題をとらえるキーワードだと思います。そして，現在の大学進学をめぐってなされる「受験競争の激化」という問題を解決するためには，大学の入学定員数を増加させ少しでも競争を緩和させる必要があると考えました。

　Hさんは，「現在の大学進学をめぐる問題」という対象を検討するため（目的）に，1993年の本で久冨善之が用いた「受験競争の激化」という説明（概念）を用いようとしています（ワーク2①の答え）。ここでのHさんの問題は，1993年の文献に依拠することが，2010年代後半の大学進学の問題を知るという目的には適切なものではないという点にあります（ワーク2②の答え）。どうい

うことか，見ていきましょう。

　まず，確認しておきたいのは，久冨が行ったように，1975〜90年代の大学進学を検討の対象とするのであれば，「受験競争」という概念で問題を把握したり，その問題状況の広がりを「受験競争の激化」というかたちで説明したりすることは何ら問題ないということです。

　しかし，先に述べたように専門用語は万能ではありません。久冨が「受験競争の激化」という説明の根拠として用いたデータは1975〜90年のものであり，「受験競争の激化」として久冨がとらえた事象は，現代の事象とは異なります。そういう意味で，これらはいわば「消費期限」をもつ専門用語なのです。Hさんの問題は，そうした久冨が用いた専門用語の消費期限を理解せず，現在の大学進学をとらえるためにそれらを用いてしまったところにあります。

　高校卒業後の進学についての現代的な検討は本書9章でなされているので，詳しくはそちらをぜひ読んでほしいのですが，ここではデータだけ確認しておきましょう。2017年度の18歳人口は120万人であり，1990年度の201万人のほぼ6割程度の数字にまで落ち込んでいます。他方，2017年度の大学・短大進学率は54.8％となっています。つまり，久冨が「受験競争の激化」を説明する際に根拠としてあげた要因自体大きく変化しており，これを見ても，「受験競争の激化」では，現在の大学進学をめぐる問題をとらえていくことはできないことがわかるはずです。

　このように，専門用語は適切な使用がなされないと，その効果は発揮されません。教育学の学習が進むにつれて，みなさんも，専門用語を用いて発表を行ったり，レポートを作成したりすることになります。その際，専門用語を適切に使えるようにするためにも，教育学の文章を読んだり，授業を受けたりするときには，専門用語の使われ方をていねいにおさえるように心がけてください。

4. 専門用語を学ぶことは手段であり目的ではない

　第3のポイントとして常に意識しておいてほしいのは，教育学の概念や理論を学ぶことは，教育について正確に把握したり深く考えたりするための手段であり，決してそれ自体が目的ではないということです。

教育についての深い知識や思考を得る知的刺激・興奮

　概念や理論を，それらが用いられる目的と切り離して丸暗記しようとしてもそれは苦痛にしかなりません。この手段と目的を取り違えてしまうと，教育学を学ぶことも苦痛になってくるでしょう。高校までの勉強がキーワードの丸暗記などばかりで，「これって，何の役に立つのだろう？」と思った人も多いと思いますが，それと同じようなことになってしまうからです。

　教育学の概念や理論は，教育という非常に複雑な営みを私たちがとらえていくための，科学的な道具です。この道具を用いて教育の世界をとらえていくことで今まで見えてこなかった新しい教育のかたちが見えてきますし，専門用語を用いて自分の考えを言葉にする（言語化する）ことで，教育に対する思考は抜群に深まります。こうした学びのなかでみなさんは，自分にとって身近な教育という世界が新しい姿を現すという知的刺激を受け，また，自身がいろいろと経験するなかで考えてきたことがその刷新も含め明確なかたちになっていくという知的興奮を得ることができるでしょう。そうした知的刺激・興奮をともなう学びにいたる手段（ステップ）として，教育学の専門用語の習得は位置づきます。

　「教育学を学べば学ぶほど見えてくる世界が広がる。とても楽しいです！」
　2年生以降に，このように語る学生は増えてきます。教育学を学ぶプロセ

スで得られるこれらの知的刺激・興奮を，ぜひみなさんにも経験してほしい。それが，教育学に携わる教員・研究者に共通する思いです。

まとめ

　3章では初学者であるみなさんが教育学を学ぶにあたって，まずはおさえておいてほしい基本的なポイントとして以下の3つをあげました。
①教育学の専門用語に慣れていく。
②専門用語の使われ方・使い方を知る。
③専門用語を習得することは手段であり目的ではない。

　これからみなさんは，教育学の授業を受けたり，本や論文を読んだりするなかで，さまざまな専門用語に出会っていくことになります。その際，上記のポイントをぜひ意識してください。それが，教育学の学びの質を向上させることにつながります。
　まずは，第Ⅱ部・第Ⅲ部のテキストを読むとき，これらの点を意識してみましょう。ただただ「文字を追う」のとは異なる読み方ができるはずです。

参考文献
天野郁夫・藤田英典・苅谷剛彦『教育社会学』放送大学教育振興会，1996年
植上一希・寺崎里水・藤野真『大学生になるってどういうこと？──学習・生活・キャリア形成』大月書店，2014年
久冨善之『競争の教育──なぜ受験競争はかくも激化するのか』労働法律旬報社，1993年
小針誠『アクティブラーニング──学校教育の理想と現実』講談社，2018年

（植上一希）

第 II 部

教育・教育学の展開

第4章

貧困世帯の子どもと学校

　本章では，学校がどのような場になれば，多様な困難を抱える貧困世帯の子どもが安心して学ぶことができ，可能性を伸ばしていくことができるのかについて考えていきます。本章をつらぬく問いは，貧困世帯に育つ子どもたちに対して，学校は何ができるのかということです。

キーワード　　子どもの貧困，学校のプラットフォーム化，効果のある学校

1. 貧困世帯の子どもを把握する

　現在の日本社会は「格差社会」ともいわれます。「格差社会」には，経済的に豊かな人たちが一部にいる一方，経済的に中位にある人たちの所得が落ち込むことで貧しい人たちが増えた分断社会という意味が込められています。そうした社会状況のなかで，貧困状態にある子どもを正確に把握しようという動きが出てきています。キーワードは「子どもの貧困」です。

　「子どもの貧困」とは文字どおり，子どもが貧困状態にあることを意味します。教育や社会保障の専門家の間でよく参照される貧困の指標に「相対的貧困率」があります。相対的貧困率とは，世帯の可処分所得（収入から税や社会保険料などを差し引き，社会保障給付を加えた額）から1人あたりに換算した額（等価可処分所得）で，全国民を下から順番に並べたときに，ちょうど真ん中に

くる値 (中央値) の50％を下回る所得しか得ていない者の割合をいいます。中央値の50％は「貧困線」と呼ばれ，貧困線未満の世帯で暮らす子ども (18歳未満) の全子ども数に対する割合が国際的には「子どもの貧困」率とされます。

　厚生労働省『平成28年 国民生活基礎調査の概況』によれば，「子どもの貧困」率は2015年時点で13.9％，およそ7人に1人の子どもが貧困状態にあるとされます。7人に1人ということは，35人クラスでは5人の子どもが貧困状態になります。もちろん，学校やクラスによって状況は異なるでしょう。貧困状態にある子どもがまったくいない，あるいはほとんどいない学校やクラスもあるはずです。クラスメイトのほとんどが貧困世帯の子どもという学校やクラスもあるでしょう。みなさんが卒業した学校がそのどちらかであったとすれば，それこそが私たちの社会が「格差社会」というかたちで分断されていることを意味しているように思います。

　このように所得ベースで貧困世帯の子どもを把握する動きがある一方，日々の暮らしで必要なもののうち何が欠けているのかを把握することから，それに迫る方法もあります。「剥奪アプローチ (deprivation approach)」といわれます。日本の子どもの貧困研究をリードしてきた1人である阿部彩が代表を務める「子ども・若者貧困センター」のウェブサイト (https://www.tmu-beyond.tokyo/child-and-adolescent-poverty/　2018年6月9日確認) には，次のような例があげられています。「1日3食，食べることができるか」「冷蔵庫を持っているか」「病気になった時に医療サービスを受けることができるか」——このような子どもの生活に不可欠なものやサービスをリストアップし，その欠損を調べることで貧困を把握していきます。この把握方法は，相対的貧困のような所得ベースで見るよりも貧困の実態に迫ることができるとされています。

　これら以外にも国や地方自治体，専門家らがさまざまなかたちで貧困の実態，貧困世帯の子どもの状況を把握しようとしています。これらの試みに共通するのは，貧困をその社会において一般的とされる暮らしができない状況

であり，したがって人生に大きな負の影響をもたらすものととらえているということです。

2. 学校のなかに現れる子どもの貧困

　貧困は子どもの人生に多大な負の影響をもたらすとされます。それは学校のなかで，どのようなかたちで現れてくるのでしょうか。ここでは，学業に関わる問題とそれ以外の問題に分けて考えていきます。

学業に関わる問題——学力・勉強への意味づけ・進路

　貧困世帯と経済的に豊かな家庭で育った子どもには，学力や勉強への意味づけ，希望進路でどのような違いがあるのでしょうか。図表4-1は，国が全国の小学6年生と中学3年生を対象に実施している「全国学力・学習状況調査」の結果を，中3部分のみ取り出したものです。Aは基本知識を問う問題，Bはその応用を問う問題で，教科の列の数値は正答率になります。

　ここから見えてくるのは，世帯年収が高いほど，子どもの学力が高くなる傾向があるということです。家庭の経済的要因が，子どもの学力と密接に結びついていることがわかります。

　関連して，教育社会学者の林明子による調査結果を見てみましょう。林は，生活保護受給世帯（被保護世帯）の中学生とそれ以外の一般世帯の中学生を比較しています（林2016）。図表4-2は，生活保護受給世帯の中学生とそれ以外の一般世帯の中学生の進路希望を比べたものです。ここからは，一般世帯の子どもと生活保護受給世帯の子どもとの，高卒後の進路希望の違いが見えてきます。生活保護世帯の子どもたちにとって高卒後の進路は，大学・短

図表4-1　世帯収入（税込年収）と学力の関係（中3）

	国語A	国語B	算数A	算数B
200万円未満	69.1	58.6	51.5	30.0
200万円〜300万円	71.2	60.9	55.2	33.1
300万円〜400万円	73.9	63.4	58.4	35.5
400万円〜500万円	74.8	65.2	60.6	37.9
500万円〜600万円	76.6	67.6	63.6	40.4
600万円〜700万円	77.6	69.2	66.6	43.5
700万円〜800万円	78.7	70.9	68.6	46.6
800万円〜900万円	79.7	71.8	69.6	48.1
900万円〜1000万円	80.9	73.3	71.6	49.9
1000万円〜1200万円	81.8	73.9	72.8	52.6
1200万円〜1500万円	83.0	75.8	75.1	54.7
1500万円以上	81.8	75.9	73.4	53.4

出所）国立大学法人お茶の水女子大学『平成25年度「学力調査
を活用した専門的な課題分析に関する調査研究」』40頁を
もとに作成。

図表4-2　将来の進路希望

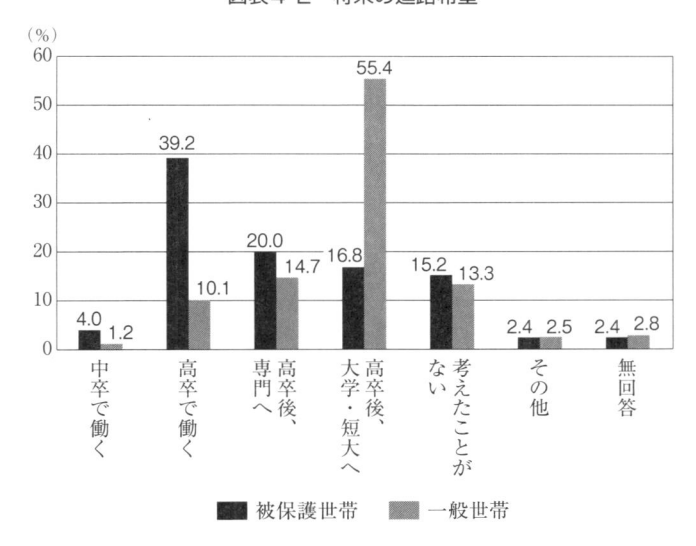

出所）林（2016）99頁をもとに作成。

図表4-3　勉強に関する項目（あてはまるとした人の割合）

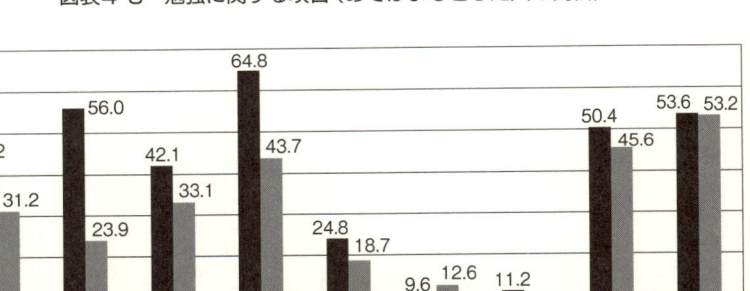

出所）林（2016）90頁をもとに作成。

大進学ではなく，働くことがメインになっていることがわかります。その背景には，大学・短大の学費の高さはもちろんこと，そこにいたるまでの準備にかかる費用やコストによって，進学が非常に困難に映るということもあるでしょうし，自身や家族の生活費等を捻出するために働かなければならないという意識も働いていると考えられます。

　というのも，生活保護世帯では，とりあえずぎりぎりで暮らせる金銭的保障や医療費・教育費の扶助がありますが，大学進学や将来のための費用を貯金することがほぼ不可能な貧困状態におかれているからです。

　こうした生活保護受給世帯の高卒後の進路希望は，中学における授業や高校受験に対する意識にも影響を与えていると考えられます。図表4-3からは，生活保護受給世帯の子どもたちと一般世帯の子どもたちには，授業への興味関心や，難しさの感じ方，高校受験への不安などで大きな差が見て取れます。高卒後，大学や短大に進学しないという進路観が，授業や受験に対す

図表4-4 むし歯の既往本数

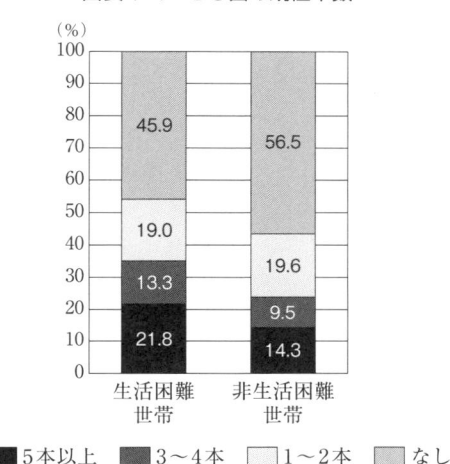

図表4-5 朝食摂取

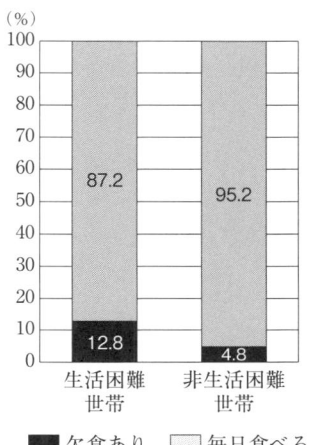

出所）図表4-4，図表4-5ともに東京都足立区『平成28年度報告書「第2回子どもの健康・生活実態調査」』70，74頁をもとに作成。

るモチベーション等を下げている可能性がありそうです。

学業以外の問題——健康・生活習慣

　貧困世帯の子どもは，健康にも問題を抱えていることが多く，生活習慣にも不安定性があるとされます。東京都足立区が行った調査結果を見てみましょう。この調査での「生活困難世帯」とは，①世帯年収300万円未満，②生活必需品の非所有（子どもの生活において必要と思われる物品や5万円以上の貯金がない等），③支払い困難経験（過去1年間に経済的理由でライフラインの支払いができなかったこと）のいずれか1つでも該当した場合と定義されています。それ以外の層は「非生活困難世帯」です。図で取り上げているのは，小学校2年生の結果になります。

　図表4-4と図表4-5からわかるのは，生活困難世帯の子どもは非生活困難

世帯の子どもに比べてむし歯が多く，朝食を食べていない割合も高いということです。

> **ワーク1**
>
> 　貧困世帯で育った子どもが学校で学び，社会をわたっていく過程には多くの困難があるとされます。ここであげたもの以外に，どのような困難があると思いますか。思いつくものをどんな小さなことでもいいのでたくさん出してみましょう。

3. 多様な困難を抱える貧困世帯の子どもに学校ができること

　それでは，多様な問題を抱える貧困世帯の子どもに対して，学校は何ができるでしょうか。支援のプラットホームとしての学校，学力を下支えする学校という視点から考えていきます。その際に重要なポイントとなるのは，貧困に象徴される不利な環境にある子どもをとくに手厚く支援するという理念です。特定の子どもを特別扱いせず，すべての子どもを平等に扱うといった「画一的平等観」だけでは，さまざまな困難を抱えながら学校に通ってきている子どもを十分なかたちで支援できないということです。

支援のプラットホームとしての学校

　貧困世帯の子どもの問題として顕在化していることの多くが貧困世帯の親が抱える問題の表れでもあり，学校（教育）だけで対応できるものではありません。学校とそれ以外の関連機関がさまざまな制度を利用しながら連携することで解決に向かうことが重要です。
　図表4-2では，生活保護受給世帯（貧困世帯）の中学生の主な希望進路が「高

卒で働く」であることを示しました。これは，進学に際して高額な学費を親が用意できないことを知っているからこその判断かもしれません。そうだとすると，大学や短大に進学する費用を十分に支援する仕組みがあれば，希望進路は変わる可能性があります。図表4-5で取り上げたように，生活保護受給世帯（貧困世帯）の子どもが朝食を食べない割合は相対的に高いものでした。それはたとえばパート等の非正規の仕事をかけもちする貧困世帯の親が，子どもに朝食を用意する経済的・精神的ゆとりがないゆえに生じている可能性があります。こうした場合，自宅以外の場（たとえば学校）で子どもが朝食を食べることのできる仕組みが整備されれば条件が改善されます。必要なのは，貧困世帯の子どもの問題を親の抱える問題としてもとらえること，そして社会的に解決すべき課題としてとらえるということです。

「子どもの貧困」の解決をめざして，すでにこうした方向性での動きが起きています。「子どもの貧困対策の推進に関する法律」（2013年6月成立）や，この法律を具体化するうえでの指針となる「子供の貧困対策に関する大綱」（2014年8月制定。以下，「大綱」）がそうです。教育財政学者の末冨芳は，「大綱」には次の4本柱があると指摘しています（末冨2015）。①教育支援（学力保障，福祉機関との連携，教育費負担の軽減，学習支援の推進等），②生活の支援（保護者の生活支援，子供の生活支援，関係機関が連携した支援体制の整備，支援する人員の確保等），③保護者に対する就労の支援（ひとり親家庭の親への就労支援，保護者の学び直しの支援等），④経済的支援（児童扶養手当等の供給調整見直し，生活保護世帯の子供の進学支援等）。また末冨は，子どもの貧困対策の重要な点は，「『学校』を〔子ども支援の〕プラットフォーム〔足場・拠点〕」にすることであり，「学校だけで〔困難を抱えた子どもを〕『丸抱え』せずSSW〔スクールソーシャルワーカー〕や学習支援などの学校外の関係者ともつながっていくことこそが，学校をプラットフォームにする」（末冨2015, 13頁）〔〔　〕内は筆者補足）と指摘します。動き出してまもない仕組みということもあり，その成果がどの程度か，改善すべき課題がどこにあるのかについても検討が始まったばかりです（末冨2017）。しかしなが

ら，学校がプラットホームとなり，行政や関係機関と連携して貧困世帯の子どもを包括的に支援するという考えや動きが重要であることは間違いありません。

学力を下支えする学校

　子ども支援のプラットホーム化以外に学校にできることはないのでしょうか。示唆を与えてくれるものに，「効果のある学校 (effective schools)」論があります (志水2005)。「効果のある学校」とは，欧米で最初に研究された学校のあり方で，人種や社会階層 (たとえば親の所得や学歴の高低によって人を序列化する概念) による学力格差を克服した学校を意味しますが，志水は「西日本を中心に展開されてきた『同和教育』の実践」のなかにも日本版「効果のある学校」を見出しています。ここから，教育的に不利な環境にある子ども (のとくに学力) を下支えする学校，いわゆる「落ちこぼれ」を出さない学校とはどのような学校なのかが調査され，志水は「効果のある学校」の特徴を次の7項目にまとめました (志水2005, 166-169頁)。

---

①子どもを荒れさせない
②子どもをエンパワーする集団づくり
③チーム力を大切にする学校運営
④実践志向の積極的な学校文化
⑤地域と連携する学校づくり
⑥基礎学力の定着のためのシステム
⑦リーダーとリーダーシップの存在

　補足説明が必要と思われるものだけ取り上げましょう。②は，「子ども一人ひとりをないがしろにしない」という基本姿勢が教職員に共有され，その

姿勢をもって子どもに積極的に働きかけるということです。「エンパワー」は、「『無力感を感じていた者が自分自身に内なる力を感じるようになる』過程」をさす言葉と定義されています（志水2005, 167頁）。④は、「やればできる」「もっとうまくできる」と考える姿勢が教職員に共有されているということ。⑥は、学力保障のための校内組織の存在や多様な学習形態の追求等とされています。

つまり、地域の保護者や関係機関の助けも借りつつ、学力に課題を抱える子どもの事情を教職員が共有し、そのうえで個別の事情を考慮しながら教職員がチームとなり助け合って授業をつくり、きめ細かな学習支援を行うこととまとめられるように思います。子どもの学力を下支えするといっても、ドリルのようなもので学力に課題を抱える子どもを鍛えあげるわけではありません。②からもわかるように、子ども一人ひとりの多様な困難状況を教職員が共有し、それをふまえたうえで子どもが「エンパワー」されるよう、学校が積極的に働きかけることこそ重要だということです。そのことが結果として、学力の向上をもたらすとされます。

ワーク2

「特定の子どもを特別扱いしない。すべての子どもを平等に扱う」＝「画一的平等」の意義はどこにあると思いますか。また、問題点があるとすればどこだと思いますか。まずはひとりで思いつくものをあげてみて、その後にまわりと意見を出しあってみましょう。

---

4. 貧困の「見えづらさ」と向き合う

最後に、みなさんが教師になったときのために、気をつけてほしいことがあります。それは貧困の「見えづらさ」についてです。

自分が担当することになったクラスに貧困世帯の子どもがいたとして，みなさんはその子の困難に気づくことができるでしょうか。「そんなに難しいことではない」と感じるかもしれませんが，本当にそうでしょうか。教育学者の大澤真平は，生活保護受給など経済的に困窮した状態にある家庭で子ども時代を過ごした若者にインタビュー調査を行い，「子どもの貧困」の実態に迫っています。大澤がインタビューをした若者のひとり（Jさん）は次のように話しています。

　　（生活は）恥ずかしいじゃん。言いたくないし，家にもやっぱり連れて来たくない。普通の生活じゃないでしょ。恥ずかしいからやだ。（中略）自分も普通を装おう。家を出て学校へ行けば普通なんだと思う。別に外に出ればバレないみたいな（大澤2008, 10頁）。

　Jさんは，自分の家庭が貧しいことをまわりに知られると「恥ずかしい」と感じていて，「普通を装おう」といいます。「普通を装おう」ことの背景には，自分たち（家族）は普通ではないという感覚があります。もし貧困世帯の子どもが学校で「普通を装おう」ことをしていたらどうでしょう。教師になったみなさんは，そのことに気づくことができるでしょうか。
　また宿題をやってこない子，授業に真剣に取り組まない子，学校生活を送るうえで前提とされる生活習慣を身につけていない子がいたら，「だらしない子」「だめな子」とラベルを貼りたくなるかもしれません。しかし，これこそ，貧困世帯の子どもの特徴といえるものです。「だらしない子」「だめな子」というラベルを貼ることでその子どもと家庭が発信しているSOSのサインを見逃してしまうかもしれません。何か問題を感じたときに教師に求められるのは，「もしかして，この子の家庭はさまざまな困難を抱えているのではないだろうか」と，子どもの言動の奥に複雑で多様な背景を想像できることではないでしょうか。

みなさんは，学校がどのような場になれば子どもが幸せになると思いますか。

参考文献
大澤真平「子どもの経験の不平等」『教育福祉研究』14巻，2008年
志水宏吉『学力を育てる』岩波書店，2005年
末冨芳「子どもの貧困対策と学校の役割」『学校事務』2月号，学事出版，2015年
末冨芳編『子どもの貧困対策と教育支援——より良い政策・連携・協働のために』明石書店，2017年
林明子『生活保護世帯の子どものライフストーリー——貧困の世代的再生産』勁草書房，2016年

（児島功和・松下丈宏）

第5章

ともに学ぶ教室

——外国につながる子どもたち

　みなさんのなかには，学校に通っていた頃，外国から来た友だち，親は外国出身だけれども日本生まれ日本育ちの友だち，親が国際結婚だという友だちがいた人もいるのではないでしょうか。日本の学校で学ぶ「外国につながる子どもたち」は，現在増加の一途をたどっています。本章では，こうした外国につながる子どもたちが日本の学校で学ぶ際にどのような困難に直面するのか，理解を深めていきましょう。

 キーワード　外国につながる子どもたち，文化の相違，多様性の尊重

1. 日本に暮らす外国人

　近年，日本に暮らす外国人が増えていますが，どこの国・地域出身の外国人が，どのくらい日本に暮らしているのでしょうか。

　2017年6月現在，日本には約247万人の外国人が暮らしていますが，アジア出身者が圧倒的に多いことが図表5-1からわかります。また，この統計に含まれる外国籍者のうち日本人と結婚している人々も大勢います。国際結婚の家庭に生まれた子どもたちは22歳まで日本ともう1つの国の国籍を保持で

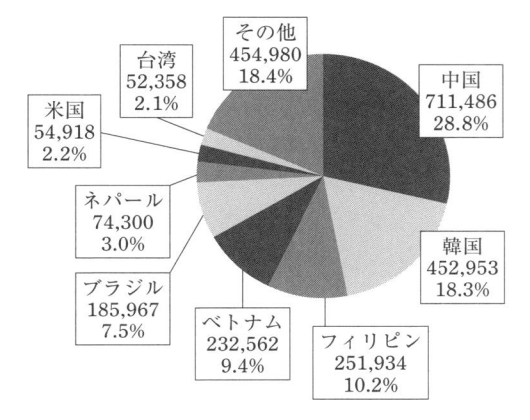

図表5-1　日本における外国籍者（総計2,471,458人：2017年6月現在）

出所）法務省「在留外国人統計2017」より筆者作成。

きます。そのため，統計上は「日本国籍」として計上されます。そのことを考えると，日本に暮らす外国人，そして日本人（＝日本国籍者）であるけれど日本以外の多様な文化的背景をもつ人々は，この図表5-1がさし示す以上に日本に暮らしていることになります。

2. 外国につながる子どもとは

　本章において，「外国人の子ども」ではなく，「外国につながる子ども」と呼ぶのは，上述のような国籍からだけでは把握されない多様な背景があるからです。つまり，「外国につながる子ども」とは，外国籍の子どもをはじめ，日本国籍をもっているけれども親や祖父母など家族に外国出身者がいる子どもということになります。

　外国につながる子どもの背景は，非常に多様です。第2次世界大戦前から戦後の国家間の歴史的背景があって数世代にわたり日本に暮らす「在日コリ

アン」(在日韓国・朝鮮人) や、「中国帰国者」(中国残留孤児・婦人) の子どもたちがいます。また、ブラジルやペルーなど南米と日本の間にも歴史的背景があり、日本が労働力不足に陥った1990年代には日系ブラジル人や日系ペルー人が来日しました。この日系南米人の子どものなかには、日本生まれ、日本育ちの子どもたちも増えています。さらに、親の留学や就労にともなって来日した子どもたちや国際結婚家庭の子どもたちなどがいます。

こうした背景をもつ人々のなかには、日本定住にともない日本国籍を取得している人々もいますし、外国籍であっても日本生まれ日本育ちで自分のルーツのある国のことをよく知らない人々もいます。これをふまえると、国籍という指標からはとらえられない、言語や生活習慣、宗教などの面で文化的多様性をもった外国につながる子どもたちが存在することになります。

3. 外国につながる子どもの実態

どのくらいの数の外国につながる子どもたちが日本の学校で学んでいるのでしょうか。「外国につながる子ども」の数を正確に把握する統計はありませんが、ここでは「日本語」という指標から文部科学省のデータを参考にしましょう。文部科学省は、「日本語で日常会話が十分にできない児童生徒」および「日常会話ができても、学年相当の学習言語が不足し、学習活動への参加に支障が生じており、日本語指導が必要な児童生徒」を、「日本語指導が必要な児童生徒」として調査を行っています (「学習言語」については、4節(2) を参照のこと)。

図表5-2からわかるように、この10年ほどで外国籍児童生徒は約1万人増加しています。そのうち、日本語指導が必要な児童生徒も年々増加し、2016年度には3万人を超えました。さらに注目しておきたいのは、「日本語指導

図表5-2　初等・中等教育段階の公立学校に在籍する日本語指導が必要な児童生徒数

		2010年度	2011年度	2012年度	2013年度	2014年度	2015年度	2016年度
外国籍児童生徒数		70,936	72,751	75,043	74,214	71,545	73,289	80,119
日本語指導が必要な児童生徒	外国籍	22,413	25,411	28,575	28,511	27,013	29,198	34,335
	日本国籍	3,868	4,383	4,895	5,496	6,171	7,897	9,612

出所）文部科学省「『日本語指導が必要な児童生徒の受入れ状況等に関する調査（平成28年度）』の結果について」より，筆者作成。

図表5-3　日本語指導が必要な児童生徒の母語別在籍状況

		日本語	英語	朝鮮・韓国語	スペイン語	中国語	フィリピノ語	ベトナム語	ポルトガル語	その他	計
日本語指導が必要な児童生徒	外国籍		982	627	3,600	8,204	6,283	151	8,779	4,345	34,335
	日本国籍	1,216	1,044	194	428	2,065	3,042	128	552	943	9,612

出所）同上より，筆者作成。

が必要な日本国籍の児童生徒数」です。「日本国籍で日本語指導が必要ってどういうこと？」と疑問に思うかもしれませんが，たとえば次のような子どもたちが該当します。親の海外駐在にともない現地校で長く教育を受けた海外帰国の子どもたち，国際結婚家庭で日本に暮らしていても家庭内で多言語が用いられるために日本語の力が年齢相応に身についていない子どもたちなどです。

　次に，彼らの母語を見てみましょう。

　日本語指導を必要とする外国籍児童生徒の母語で最多はポルトガル語，続いて中国語，フィリピノ語となっています。ここから，ブラジルや中国，フィリピンにつながりをもつ子どもが多く日本の学校で学んでいると読み取ることができます。また，日本国籍の児童生徒の場合は，最多がフィリピノ語となっています。これは，フィリピン人と日本人の国際結婚家庭の子どもが日本語指導を必要としていることを示しているといえます。

以上のデータは，「国籍」と「日本語」を指標にしたものです。これだけでも日本の学校に学ぶ外国につながる子どもたちの多様な背景がうかがえますが，彼らの個々の背景は多様化・複雑化しています。細かく彼らの背景をとらえようとするときには，国籍や言語だけでなく，滞在歴や就学経験，家庭環境，文化的側面なども含めて見ていく必要があります。

ワーク1

　日本語指導が必要な児童生徒が増加していますが，彼らは日本の学校で生活するなかでどのようなことに困ると思いますか。考えてみましょう。
　イメージするのが難しいと思う人は，「小学生／中学生の自分がある日突然外国の学校に通うことになったら……」と考えてみてください。

---

4. 外国につながる子どもが直面する困難

　それでは，外国につながる子どもが日本の学校で直面する困難について見ていきましょう。その前に，みなさんの中学校時代にAさんという中国人の同級生がいたと想定し，まずAさんのエピソードを読んでみてください。

中国出身のAさんのエピソード

　Aさんは，小学校4年生のときに中国から日本にやってきて，今，中学校3年生です。日本にやってきたときは，家族のうち日本語が話せる人は誰もいませんでした。Aさんの両親はともに働いていますが，日本語を勉強する時間はなく，家庭のなかでは中国語しか使いません。Aさんは学校で日本語を覚え，なんとか学校生活を送ってきました。学校では勉強もたいへんでしたが，ときどき「中国人」とバカにされたり，友だちと喧嘩をしたときに「中国に帰れ！」といわれたりしたことがありました。そんなことはあっても，仲のよい友だちに助けられたりしながら，毎日を過ごしていま

す。この前，高校に進学した中国人の先輩が中学校にやってきて高校生活の話をしてくれました。最近，高校入試のことが気になっていて，他の教科に比べて国語の成績が上がらず，悩んでいます。進学する学校のことや成績のことを両親に相談しようにも，両親は「わからないから自分で決めて」といいます。ときどき，家のなかだけでなく，外でも中国語でしか話しかけてこない両親にイライラしてしまいます。一度，家族で買い物をしているときに中国語で話しかけられ，「何もしゃべらないで」といってしまいました。そのときの両親の顔が悲しそうで，とても後味が悪い思いをしました。

　Ａさんのような外国につながる子どもが日本の学校で学ぶ際の教育課題について，異文化間教育や日本語教育，教育社会学などの研究から，「適応」，「言語」，「学力」，「アイデンティティ」の4点が指摘されています。文部科学省は外国人児童生徒や日本語指導が必要な児童生徒の増加を受け，こうした研究成果や学校現場での実践をふまえて『外国人児童生徒受入れの手引き』（2011年。以下，『受入れの手引き』）を作成しています。ここでは，これまでの研究成果や『受入れの手引き』を参照しつつ，4つの課題について考えていきましょう。

(1) 適応

　日本に来たばかりの外国につながる子どもたちの場合，出身国や地域と日本社会の違いや学校のあり方の違いなどに直面します。とくに日本語がまったくわからない間は，何をどうしていいかが理解できないまま1日を学校で過ごさねばならず，強い緊張状態におかれてしまいます。まずは日本の学校という場所に少しずつ慣れ，居場所を確保する必要があります。この居場所とは，言葉がわからない，さまざまな違いに戸惑っている，そんな自分を受けとめてくれる場所です。在籍学級をはじめ，設置されている場合には「日本語教室」（日本語の指導を行う教室），あるいは保健室といった場所も彼らの居場所となるでしょう。緊張状態のなかで少しでもほっとできる，自分がここ

にいていいのだという安心感をもつことで，学びに向かっていくことができます。

(2) 言葉

外国につながる子どもたちの場合，母語と日本語の両言語にふれながら成長します。日本語がわからずに来日し，学校に編入した場合，まずは日本語を習得しなくてはなりません。自治体によっては来日初期の子どもたちに日本語指導員（自治体によって名称は異なります）が派遣され，当面の生活に必要な日本語の習得に向けて支援が受けられます。言語習得にはもちろん個人差がありますが，教師や友だちとの関わりのなかで生活に必要な言語（「生活言語」）は1〜2年ほどで習得するといわれています。その一方で，日本語で授業を受け，学んでいくための言語（「学習言語」）の力は5〜7年で単一言語環境で育った同年齢の子どもの力に近づくといわれており，そう簡単に身につけられるものではありません。

また，来日時の年齢にもよりますが，日本語を覚えるにつれ，母語を忘れていき，親子間のコミュニケーションが難しくなるケースもあります。日本語習得の課題と同時に，母語をどう保持していくのかという課題にも直面します。

(3) 学力

(2)の「学習言語」と関連することですが，外国につながる子どもたちは，日本語で学び，学んだ成果を日本語で発揮しなくてはなりません。学年や学校段階が上がるにつれ，学習内容も抽象化していきますし，それにともない言語活動も複雑化します。日本で高校進学をする外国につながる子どもたちも増えてきていますが，高校進学のためには入試を乗り越えなくてはいけません。日本生まれ，日本育ちの外国につながる子どもであっても多言語環境で育つなかで，抽象的な思考ができるだけの言語の力を身につけていない子どももいます。また，中学生で来日した場合には高校入試までに日がなく，入試になかなか対応できなかったりします。日本に定住する子どもにとって

は，日本人の子どもと同様に高校進学やそれ以降の教育が日本社会で生きていくためには不可欠となります。

(4) アイデンティティ

これは外国につながる子どもに限ったことではありませんが，子どもたちが自身のもつ多様性（個性）を認識し，それが他者からも受容され，自尊感情を高めていけるようにすることは非常に大切なことです。とくに外国につながる子どもたちのなかには，成長過程で自分のまわりにいる日本人との違いが気になり，母語や母文化，さらには自分の親までもを否定してしまうことがあります。「自分はいったい何人なのか？」「自分も『日本人』として認められたい」と悩む外国につながる子どもも少なくありません。日本社会のなかでどのように自分と家族をつなぐ母語や母文化を受けとめ，自分らしい自分をつくりあげていくのか，身近にロールモデルがいないとイメージがわかず，自分をなかなか肯定的に受け入れられないという問題にも直面します。

5. 多様性を尊重できる「ともに学ぶ教室」へ

まずは，次ページのワーク２でＡさんを例に，彼が日本の学校で直面する困難について具体的に考えてみましょう。

質問に答えながら，Ａさんが抱えている困難のなかでも，みなさんは何が気になったでしょうか。

Ａさんは，小学校４年生で来日し，現在中学校３年生ということで，日本の学校に通うのは６年目になります。日本の学校にもずいぶんと慣れているでしょう。外国から来日してすぐの子どもに比べれば，適応の課題は大きくないといえます。

言語の面では，仲のよい友だちもいることから日本語でのコミュニケーシ

ワーク2

　下の表は，Aさんが直面する困難を考えるうえで情報を整理するための質問です。Aさんのエピソードと4節で述べた教育課題をふまえて，自分なりに質問に答えながら，Aさんが抱える困難について考えてみましょう。

適 応	Q1：Aさんは日本の学校に通い始めて何年になりますか？
言 語	Q2：Aさんの状況から，日本語 (生活言語・学習言語) でどのような課題があると思いますか。 Q3：母語 (中国語) は理解できているでしょうか。
学 力	Q4：Aさんは学力面でどのような不安を抱えていますか。
アイデンティティ	Q5：Aさんは「中国人」であることをどのように思っているでしょうか。

　ョンもとれ，生活言語は身につけている様子がうかがえます。一方で，学習言語については，他の教科以上に国語に苦労しているようです。中学校に入ると古文や漢文の授業もあるので，普段使っている日本語との違いが大きく，学習面での困難を感じている可能性があります。母語については，家庭では常に中国語を使用していることから，親とコミュニケーションをとるだけの中国語は保持しているといえます。

　学力の面では，先述のとおり，国語に不安を抱えており，高校受験が気になっています。「他の教科に比べて国語の成績が上がらず」とあるので，他の教科は勉強の成果をずいぶんと日本語で発揮できるようになっていると考えられます。だから余計に，他の教科に比べて思うように成績が伸びない国語が気になっているようです。

　アイデンティティの面では，周囲の「中国人」に対する否定的まなざしから，中国語や中国人であることに自分自身の思いが揺れている様子がうかがえます。親が中国語を話すことに対する否定的な発言や，それを発してしまった気まずさ，後味の悪さはそうした揺れを表しているといえるでしょう。

では，こうした困難にどのように向き合っていくことができるのでしょうか。ひょっとすると，みなさんのなかには「当事者であるＡさん（外国につながる子ども）がなんとか自分でがんばらなくてはどうしようもない」と考える人もいるかもしれません。しかし，私たちは学びや成長の過程で悩んだりしたときに，決して自分たちの努力だけで抱える困難さを解決してきているわけではありません。他者（友人，知人，教師，親……など）がいて，そうした他者の助けがあったり，他者に認められたりしながら，困難を乗り越えてきています。外国につながる子どもたちも同様です。

　学校生活を送るうえで，私たちのまわりには同級生がいて，教師（担任や教科担任）がいます。同級生や教師は，身近な存在です。そうした身近な存在である同級生や教師が，外国につながる子どもの課題に少しでも理解を示すならば，そして困難に対する配慮がなされるならば，外国につながる子どもたちも学校生活が過ごしやすくなるでしょう。

　みなさんはこれまでの学校生活で友人をつくる際に，「この人は性格が合いそうだ」，「自分と同じ趣味だ」，「自分と大切に思うこと（価値観）が一緒だ」など，いくつかの共通点を見つけたり，その人柄に惹かれたりして友人になっていると思います。性格や趣味，価値観と同様に，「○○人である」こと，「外国につながりがある」ことは，その人を構成する大切な要素の1つです。Ａさんのように，自分のルーツを否定される経験をもつ子どもたちは少なくありませんが，そのときに自分のルーツを含めて自分自身をそのまま受けとめてくれた友人がいたからがんばれたと話す子どもたちがいます。教室内の子どもたち同士でこうした多様性が互いに尊重されることは，今後さらに外国につながる子どもたちが増加することを考えると非常に重要なものとなってくるでしょう。

　すでに，外国につながる子どもを多く抱える学校では，彼らが教室にもたらす多様性を前提に教育が考えられています。そして，彼らが抱える困難や課題を受けとめ，さまざまな取り組みが実践レベルで行われています。日本

語を第一言語としない外国につながる子どもたちが内容を理解し，授業に参加し，学力を高めていけるような授業の工夫が行われたりしています。さらに，外国につながる子どもたちが自分の母語や母文化に自信をもち，彼らの母語や母文化をまわりの子どもたちが尊重できるような，国際理解につながる取り組みも行われています。こうした学校では，文化の違いや言語の違いからくる学習の難しさがある子どもたちとともに学ぶことを前提に，学校のあり方を模索しているといえます。地域的な異なりはあるものの，すでに教室で学んでいる子どもたちの現実は多様化しています。こうした現実によって，私たちはこれまでの学校教育のあり方を見直さざるをえなくなっています。そして，外国につながる子どもたちの抱える課題を解決していくためにも，多様性を前提とした「ともに学ぶ教室」をつくりあげていくことは今後さらに求められるものになるでしょう。

参考文献

齋藤ひろみ編著，今澤悌・内田紀子・花島健司著『外国人児童生徒のための支援ガイドブック──子どもたちのライフコースによりそって』凡人社，2011年

齋藤ひろみ・佐藤郡衛編著『文化間移動する子どもたちの学び──教育コミュニティの創造に向けて』ひつじ書房，2009年

佐藤郡衛・佐藤裕之編著『「共に生きる子ども」を育てる国際理解教育』教育出版，2006年

志水宏吉・清水睦美編著『ニューカマーと教育──学校文化とエスニシティの葛藤をめぐって』明石書店，2001年

文部科学省『外国人児童生徒受入れの手引き』2011年

（伊藤亜希子）

第6章

「性」について考える

――ジェンダーと性の多様性

　みなさんは、「性」について語ったことはありますか。「性」は生まれつき備わっているものでしょうか。私たちは、これまでの生活で、「女」か「男」に分けられて育てられてきたのではないでしょうか。また、性は「女」と「男」の2種類だけでしょうか。私たちはどのような性を生きているのでしょうか。この章では、「性」のさまざまな側面について考えていきましょう。

 キーワード　ジェンダー，性自認，性的指向，性的マイノリティ

1. 学校のなかの「女子」と「男子」

　みなさんは、小学校に入学したときのことを覚えていますか。初めての小学校生活では、幼稚園や保育園と比べると、大きな変化があったのではないでしょうか。たとえば、「重いランドセルを背負って、自分の足で通学した」「毎日の時間割が決まっていた」「授業では、先生のほうを見て静かに座って聞くことを求められた」などがあげられるでしょう。

　なかには、「幼稚園（保育園）に比べ、小学校では『男子』『女子』と呼ばれることが多くなった」と振り返る人も多いのではないかと思います。小学校

生活のさまざまな場面では,「女子」と「男子」に分かれて活動することがしばしばあります。中学校や高校では,より多くの活動で「女子」と「男子」で別々に行う機会が増えるかもしれません。

　また,出席簿（名簿）についてはどうでしたか。大学生にたずねると,多くの人が小学校では男女混合名簿だったと答えますが,中学校や高校では「男女別の名簿」「『男子が先,女子が後』の名簿」と答える人が多くなります。

　このほかにも,学校で「女子」と「男子」に分けられていた経験はいくつもあるのではないかと思います。ワーク1に取り組んでみましょう。

ワーク1

①あなた自身が学校で「女子」と「男子」によって区別された経験を,下の表「あなたの経験」欄に書き出してみましょう。
②近くの人2〜3人と,それぞれの経験について伝え合いましょう。どのような経験があったか,「近くの人の経験」欄に書きましょう。

	あなたの経験	近くの人の経験
小学校		
中学校		
高 校		

　どのような経験がありましたか。「女子」か「男子」かで,また小学校・中学校・高校では,異なる経験があったかもしれません。いずれにせよ,ここで確認したいことは,学校では,「女子」と「男子」に分けることが当たり前のように行われてきた,ということです。

　この慣行は,長い間「当たり前のこと」「常識」と考えられてきました。しかし,学校でのこれらの「当たり前のこと」や「常識」は,社会や文化のなかでつくられたものであり,社会や文化における「女」と「男」の非対称な（つまり多くの場合「男」が優位となる）関係性を再生産しているのです。このこ

とについては，のちほど詳しく述べることにします。

　この章では，教育学における「性」の問題について，「ジェンダー」と「性の多様性」の視点から考えることにします。はじめに，教育の世界でいかに「女」と「男」がつくられるのか，考えます。続いて，具体的な内容をふまえ，「性」とは何かについて，ジェンダーと性の多様性の視点から見ていきます。最後に，教育の世界で「性」の多様性はいかに受容されているのかについて理解していきます。

2. ジェンダーとは何か
──「女子」と「男子」を手がかりに

　この章を読み進めるために必要な知識として，まず，「ジェンダー」という言葉を知ることから始めましょう。4節で，性の多様性についてあらためて述べる予定です。

　「ジェンダー (gender)」とは，一般的に，「社会的・文化的性」と定義されます。「ジェンダー」はもともと文法用語ですが，現在では，生物学・解剖学的な性をさす「セックス (sex)」とは区別され，社会的・文化的に定義される「女性／男性」のあり方および，それに基づく社会的区分をさす語として用いられています。

　かつて，「女」と「男」は，生物学的特徴に基づき，性格や社会的行為などの差異があると考えられてきました。たとえば，「女はおしゃべりである」「男は体力に優れている」「男は決断力に優れている」「女は手先が器用である」などは，生物学的な性によって優れている行動が異なっている，という観念を表しています。しかし，たとえばトップレベルの女性アスリートは一般男性よりも体力に優れていると考えられます。また，手先が器用な男性

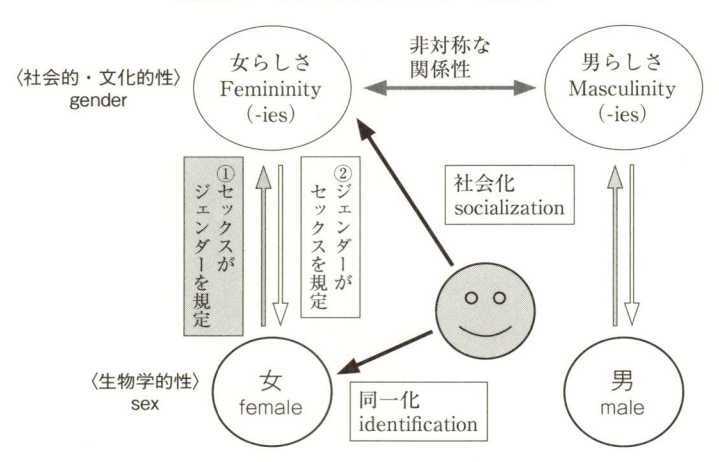

図表6-1　セックスとジェンダーの関係

〈社会的・文化的性〉gender
女らしさ Femininity (-ies)
非対称な関係性
男らしさ Masculinity (-ies)

①セックスがジェンダーを規定
②ジェンダーがセックスを規定
社会化 socialization

〈生物学的性〉sex
女 female
同一化 identification
男 male

も，決断力に優れる女性も，饒舌な男性もいます。生物学的な性から性格・嗜好・社会的行為が規定されるとは限らないのです。

　「ジェンダー」という問題の探究は，図表6-1の①のように，「セックスがジェンダーを規定する」，つまり「女」と「男」という生物学的な性から社会的・文化的性がつくられていることを問題にすることから始まりました。

　一方，生物学的な性の特徴が，社会的・文化的性によって規定されている場合もあります。たとえば，女性のやせ傾向についてはどうでしょうか。ここで，身長と体重の関係を示す数値であるボディマス指数（BMI：Body Mass Index：単位＝kg/㎡）の値に注目してみましょう。厚生労働省による「平成28年　国民健康・栄養調査」によれば，BMIが18.5未満の「やせの者」の割合は男性4.4%，女性11.6%で，かつ女性は10年の間に増加していること，とくに20歳代女性のやせの者の割合は20.7%に達することが報告されています（厚生労働省「平成28年　国民健康・栄養調査結果の概要」）。日本では，若い女性にやせ傾向が顕著です。それは，なぜでしょうか。

　BMIの平均値は，国によって異なることが知られています。世界保健機関（WHO）のデータから，日本における女性のやせ傾向を説明していきましょう。

2016年現在，日本の平均BMIは男性23.6（191か国中135位），女性は21.8（同186位）です。性別によるBMIの差については，多くの国で男性より女性のBMIが高い傾向にありますが，ヨーロッパや東アジアにおいては女性のBMIが低い傾向にあります。日本もその傾向にあると考えられます。

　しかし，上記を考慮しても，日本では女性のやせ傾向が顕著であるといえます。経済的に発展した国の状況を見ると，GDP世界1位のアメリカの平均BMIは男性28.8，女性28.9であり，GDP世界2位である中国では男性24.2，女性23.5であり，とくに女性の平均BMIは日本を上回っています。また，女性の平均BMIが日本とほぼ近い国は，ベトナム（女性21.9［184位］，男性21.9［176位］），チャド（女性21.9［185位］，男性21.9［178位］），ブルンジ（女性21.6［187位］，男性21.8［180位］）であり，経済発展途上国が多いことがわかります。

　以上より，日本における女性のやせ傾向は，経済発展の影響よりは，むしろ文化的な影響によるものと推測されます。日本では，女性がやせていることが望ましいと考えられ，女性自身もそのように身体を変化させていこうとしている可能性があります。

　「ジェンダー」という概念でもう1つ重要なのは，「女」と「男」を常に「対（つい）」としてとらえる，という点です。「女」と「男」は，異性愛によって結ばれるものであることが期待されています。また，必ずしも性愛を媒介しなくても，お互いがそれぞれにたりない部分を「補い合う」ことが期待され，「協力し合う」べき存在であると考えられているのです。たとえば「（妻の）内助の功」や「生徒会長は男子，副会長は女子」といった言葉からは，女性が男性を支えるのは当然だとする考えがうかがえます。

　以上をまとめると，「ジェンダー」とは，「社会的・文化的・歴史的に構築されてきた，生物学的性差に付与される社会的な意味であり，またそのように意味を付与する実践そのものである」と定義することができます。

3. 「女」と「男」はつくられる
――教育とジェンダー

　私たちは，学校における性別によって分ける慣行について問い直すために，「セックス」と「ジェンダー」という新しい概念を知りました。それをふまえ，この節では，学校教育を中心に，子どもたちは性別によっていかに分けられ，そして異なる仕方で育っていくのか，考えていきたいと思います。

　子どもは，生まれるとすぐに「女」か「男」かを区別され，その性によって異なる働きかけを受けます。たとえば，女の子は人形やぬいぐるみなど，布製のおもちゃややわらかい素材のおもちゃを与えられ，男の子は車やブロックなど，動くおもちゃや構造的な遊びができるおもちゃを与えられる傾向があります。また，初めての社会生活の場である幼稚園や保育園で，子どもたちは「男の子／女の子」と呼びかけられます。さらに，子どもたちは，遊びのなかで，「女だから」「男だから」と発言したり，「家族ごっこ」での「お父さん」役や「お母さん」役など，「異性愛」の役割を演じます。

学校での異なる学び

　学校教育においても，子どもたちは「女」か「男」によって区別されます。たとえば，彼らは，音楽の楽器演奏や体育の実技で，性別グループごとに演奏や実技を行うよう指示されます。

　学校で用いられる教材には，社会的・文化的な男らしさ・女らしさが表れています。たとえば，教科書や副読本などの教材に登場する人物は常に男性のほうが多いことが知られています（伊東ほか1991）。また，教材に示されている価値観は，子どもたちに，「女」と「男」は互いに違う存在であり協力し合うべき，などのメッセージを伝えています。

教育方法も，女子と男子の異なる学びを促進します。たとえば，中学校段階での理科離れは，男子よりも女子に顕著であるにもかかわらず，理科教育では，必ずしも女子の学びを促すような配慮がされていません。たとえば，理科実験では，男子が実験を担い，女子は記録係を担うことがしばしばあります (村松編2004, 39−52頁)。

　教室内でも，女子と男子の異なる学びが生じています。マイラ・サドカー (Sadker, M.) とデイヴィッド・サドカー (Sadker, D.) は，教室での実践に，女子を学校教育から排除していく「隠れたカリキュラム」があることを明らかにしました。教室では，女子よりも男子のほうが注目される一方で，女子が教室で発言しても教師はあまり反応しないというのです。彼らは，女子は学校での学習活動は自分たちのための活動ではないことを学び教室での発言をあきらめる結果，学校での学びから排除され，能力開花の機会を奪われる可能性があると，指摘したのです (サドカー／サドカー1996)。

　近年では，学校教育での女子の状況を変えようとする実践が見られます。たとえば，中学校物理「電流」の学習で，サーモスタットや静電気など具体的現実や事象を教材とし，IH調理器の分解など協同的活動を取り入れ，かつ女子の理解度に配慮した授業を行うことで，授業への女子の意識や態度が向上したことが明らかになっています (稲田2013)。

将来への影響

　ここまで，子どもたちは，「女」であるか「男」であるかによって異なる学びを経験することを示してきました。この学びは，子どもたちの将来も左右する可能性があります。

　図表6-2には，大学・学部別学生の男女比を示しました。この図から，人文科学，家政，教育，芸術の各学部は女性が多い一方で，社会科学，理学，工学などの各学部は男性が多いことがわかります。なぜなのか，その背景を

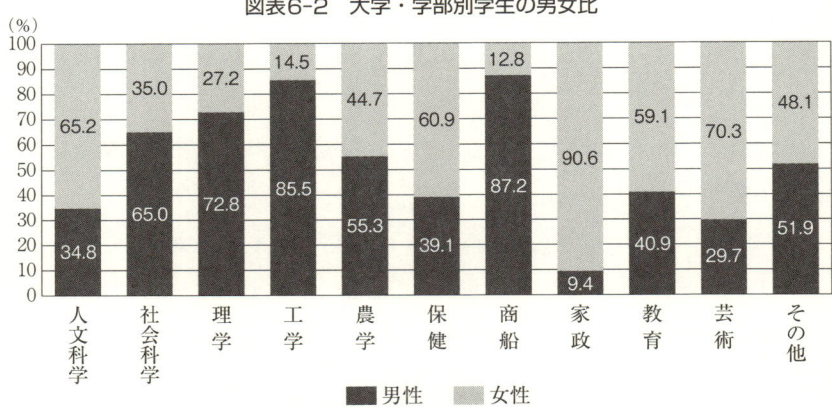

図表6-2　大学・学部別学生の男女比

（出所）文部科学省『平成29年度学校基本調査』より筆者作成。

考えてみましょう。

　子どもの進路選択において，高校での「文理選択」は重要であると考えられます。この文理選択には，「女子は文系，男子は理系」といった周囲の「常識」の影響が大きいと考えられます（河野・藤田2018）。

　高校卒業後の進路はどうでしょうか。2017年度，大学・短期大学・専修学校（専門課程）進学率の合計は女性のほうが多いのですが（女性83.6％，男性75.9％）内訳を見ると，男性は4年制大学への進学が多く（女性49.1％，男性55.9％），女性は短期大学や専修学校への進学が多い（専修学校：女性25.9％，男性19.1％，短期大学：女性8.7％，男性1.0％）ことがわかります。さらに大学院への女性の進学率はわずか5.7％（男性14.9％）で，女性が高度な学問に接近しにくいことを示しています（文部科学省『平成26年度学校基本調査』『平成29年度学校基本調査』より筆者算出）。

男の子のたいへんさ

　現在，国際的には，男子の学業達成の低さが問題となっています。OECD

が3年ごとに実施しているOECD生徒の学習到達度調査 (PISA) の最新調査であるPISA2015では，男子の低得点が問題となっており，その背景として，学校は時間の無駄であるという考えや読書時間の短さが男子に顕著であるという指摘があります。また，OECD諸国では，日本・韓国・トルコ以外の各国で，大学型機関への進学率は女子のほうが高いことが知られています (OECD「教育における男女格差の背景」『PISA in Focus』2015年3月号 [日本語版])。

　そこで，次のワークに取り組んでみましょう。

ワーク2

　上記で，最近では各国で男子の低学力問題が指摘されていることを示しました。そこで，日本の教育で男子がおかれている状況はどのようなものであるか，家族のしつけや期待，教師の働きかけ，学業や進路選択を例に，具体的に考えましょう。

---

4. 人は「女」と「男」だけではない
──「性の多様性」という視点

　これまで，「ジェンダー」という概念を用いて，子どもたちが学校教育で「女」と「男」が異なる存在であり「女」が「男」を支える存在であると学ぶことを示してきました。しかし，人は「女」と「男」だけではありません。この節では，性の多様性について，そして学校教育そして教育学における課題は何か，考えていきましょう。

　性の多様性を理解するには，「身体の性」(sex)，「性表現」(gender)，「心の性」，「好きな相手」の4つの次元で考える必要があります (はた・藤井・桂木編著2016)。

　「好きな相手」つまり性的指向とは，性愛の対象がどの性に向かうかをさ

す言葉です。性愛の対象は，自らの性（身体の性／心の性）と同じ性に属する人を愛する（同性愛），異なる性に属する人を愛する（異性愛），複数の性に属する人を愛する（バイセクシュアルあるいはポリセクシュアル），と多様です。もちろんどの性も性愛の対象とならない場合（Aセクシュアル）もあります。

「身体の性」，「性表現」，「心の性」もまた，必ずしも「男」か「女」かのどちらかに分けられるとは限りません。「生物学的な性」については，性染色体や生殖腺や性器によって明確に「女」か「男」のどちらかに分類できない場合もあります。「性表現」も，たとえば「身体の性」と「心の性」が「男」である人がスカートをはくことや化粧をすることを自ら選ぶなど，必ずしも「身体の性」などと一致しない場合もあります。「性自認」についても必ずしも「女」か「男」のどちらかになるとは限らず，どちらの性でもないという性自認（Xジェンダー）もあります。

私たちの社会には，多様な性を生きる人は，一定の割合存在します。2015年4月に電通が公表した「LGBT調査2015」によれば，7.6％がLGBT（レズビアン［女性同性愛者］，ゲイ［男性同性愛者］，バイセクシュアル［両性愛者］，トランスジェンダー［身体の性と心の性が異なる者］，の頭文字）とのことです。これは，左利きの人の割合とほぼ同じぐらい，といわれています。つまり，左利きの人と同様に，多様な性を生きる人はみなさんの身近に存在すると考えるべきです。

5. 学校教育および教育学の課題
——「ジェンダー」「性の多様性」への配慮

2001年，テレビドラマ「3年B組金八先生第6シリーズ」で，体は女性で性自認が男性である生徒が登場しました。当時，学校現場では，体の性と心の性が一致しない子どもがいることが，認識されつつありました。しかし，

それから20年近くたった現在もなお，学校における性の多様性への対応は十分とはいえません。

　文部科学省は，2010年4月の「児童生徒が抱える問題についての教育相談の徹底について」（通知）で，初めて，性同一性障害の子どもに言及しました。その後，「学校における性同一性障害に係る対応に関する状況調査」（2014年1月調査，6月結果公表），「性同一性障害に係る児童生徒に対するきめ細かな対応の実施等について」（2015年4月），「性同一性障害や性的指向・性自認に係る，児童生徒に対するきめ細かな対応等の実施について（教職員向け）」（2016年4月）と，次々と報告および通知文書を発表しました。それでも，日本の学校教育は，性の多様性への配慮に関して多くの課題があります。

　まず，カリキュラムには，異性愛を前提とする考え方が見られます。学習指導要領に注目すると，「異性についても理解しながら（小学校・中学校学習指導要領　第3章　特別の教科　道徳）」「男女相互の理解と協力（中学校学習指導要領第5章　特別活動）」（以上，傍点は筆者による）などの記述が見られます。

　性的マイノリティの子どもに対するいじめや暴力の問題もあります。性的マイノリティ当事者を対象にした調査によると，身体的暴力は性別違和のある男子の半数が，言葉の暴力は性別違和のある男子のほぼ8割，非異性愛男子，性別違和のある女子，非異性愛女子の約半数が経験していました。加害者の約8割が同級生であり，しかも被害者の過半数がいじめや暴力を誰にも相談しなかったというのです（いのちリスペクト。ホワイトリボン・キャンペーン2014「LGBTの学校生活に関する実態調査［2013］結果報告書」）。性的マイノリティ当事者の被暴力経験は，性的指向など性の多様性が必ずしも社会や学校において尊重されていないことが，子どもの生活世界にも反映されていることの表れであると考えられます。

　これらの課題を克服するためには，教育実践の積み重ねが求められています。戸口太功耶と葛西真記子は，性の多様性に関する教育実践を比較し，日本の教育実践については児童生徒間，教員間，保護者間，といった対人間に

おける「アライ」(性的マイノリティへの理解者・支援者) の促進や，学内の風土への介入が必要であることを指摘しています (戸口・葛西2016)。

　教育学もまた，これまでは性の多様性への視点が十分だったとはいえません。たとえば，教育社会学では1980年代以降，「ジェンダーと教育」研究として教育における「女」と「男」を分けるメカニズムに注目してきましたが，性的マイノリティに注目した研究は近年までほとんど見られませんでした。『教育社会学研究』に性的マイノリティをテーマに取り上げた論文が掲載されるようになったのは2010年以降のことです。

　教育学という学問は「人間＝男性」を自明とする人間観に支えられてきたことが，フェミニスト教育学によって指摘されてきました。また，「人間は結婚し子どもを産み育てる」「人間は成長すると異性への関心をもつようになる」など，人間の成長に関する (当たり前とされる) 考えには，異性愛主義が潜んでいます。その問い直しは，性的マイノリティのみならず，障がいをもつ人や，外国につながる人など多様な人間を許容し包摂する社会の形成においても必要であると考えられます。

ワーク3

　ある中学校では，これまでは，修学旅行で，生徒を集合させるときには男女別に並ばせて人数を数えていました。また，グループ行動では，どの班も男女の割合が同じぐらいになるようにしていました。この中学校がジェンダー平等の視点を取り入れ，かつ性の多様性に配慮する場合，上記のやり方をどのように変えればよいでしょうか。

参考文献
伊東良徳ほか『教科書の中の男女差別』明石書店，1991年
稲田結美「理科学習に対する女子の意識と態度の改善に関する実証的研究——中学校理科『電流』単元を事例として」『理科教育学研究』第54巻第2号，2013年
河野銀子・藤田由美子編著『新版　教育社会とジェンダー』学文社，2018年
サドカー，マイラ／サドカー，デイヴィッド (川合あさ子訳)『「女の子」は学校でつくられる』時事通

信社，1996年

戸口太功耶・葛西真記子「性の多様性に関する教育実践の国際比較」『鳴門教育大学学校教育研究紀要』
　第30号，2016年

はたさちこ・藤井ひろみ・桂木祥子編著『学校・病院で必ず役立つLGBTサポートブック』保育社，
　2016年

村松泰子編『理科離れしているのは誰か──全国中学生調査のジェンダー分析』日本評論社，2004年

（藤田由美子）

第7章

学校は生徒を
どう管理するのか
——制服から見えてくるもの

　本章では，制服の着こなしの歴史的変化を題材にしながら，背景にある学校の生徒管理の変容について考えていきます。その際，「制服とは何か」，「学校とは何か」から始め，学校による生徒の管理について考えていきましょう。

 キーワード　　制服，規律訓練，生徒の管理

　意外に知られていないのですが，1950年代の中学・高校生は私服で学校に通うことが一般的で，制服（標準服）が大多数の学校に普及したのは1960年代後半になってからでした。その後，1970〜80年代には制服は「管理教育」の象徴とみなされ生徒からネガティブにとらえられる傾向にありましたが，1990年代頃から制服が私服化して（遊びに行くときの服装になる）ポジティブなものに転換するという現象が都市部を中心に起きました。このような変化のなか1980年代の厳しい生徒指導を行っていた学校は，戦後日本を象徴する生徒指導・管理のあり方を確立させていきました。それゆえ，1980年代と比較することによって1990年代以降の（現代に通じる）学校の生徒管理のあり方がどのようなものになっているのかをよくとらえることができます。本章で

図表7-1

1980年代

1990年代

出所）森伸之『制服通りの午後』（東京書籍, 1996年）より。

は，このような関心から2つの時代を比較していきたいと思います。

　まずは簡単なワークから入ることにしましょう。図表7-1は，1980年代の高校生の制服姿と1990年代以降の制服姿を比べたものです。1980年代の制服姿は，今から見ると少し地味に感じるかもしれません。それに比べて1990年代の制服姿は，現代にも通じるところがあり，おしゃれな感じがするかもしれません。

ワーク1

①2つの制服姿は，具体的にどこが違うのでしょうか。いろいろと考えてみてください。

②なぜ，制服姿はこのように変化することとなったのでしょうか。その理由を考えてください。

　本章ではワーク1の課題①②について，教育社会学の視点から見ていきます。制服姿の変化からは学校をめぐるいろいろなことが読み取れるのです。

1. なぜ学校は生徒に制服を着せるのか
——管理ツールとしての制服

　現在，ほとんどの中学・高校生は制服を着て／着せられて学校に行くことになります。これはなぜなのでしょうか。制服姿の変容を見ていく前に，まず制服とは何か，ということについて考えていきましょう。

　制服とは，さまざまな側面があるのですが，1つには学校が生徒を内部に取り込む際の管理ツールということができるでしょう。つまり，学校の外では若者として生活する人々を，生徒という存在にするために制服があるのです。つまり制服とは，それを着せることで「あなたは学校のなかでは生徒ですよ」ということを自他ともに知らしめる役割を担っているのです。

　次に，それでは生徒とは何でしょうか。生徒とは，これもいろいろな側面があるのでしょうが，ここでは①学校に学習者（教育サービスの受容者）として参加する者のことであり，②学校側からすると指導の対象（教育サービスの提供先）ということができます。したがって③生徒とは学習や成長を必要とする未熟な存在と見ることができるでしょう。そして，1980年代がとくにそうでしたが④学校は生徒に対して「生徒らしく」あることを求めました。遠足や校外学習のプリントに「生徒らしい格好で」というようなことが書かれることもしばしばありました。

　では，生徒らしさとは何でしょうか。これまたさまざまな側面がありますが，1980年代の日本の学校に引きつけていえば，①華美でない，すなわち地味な格好を旨とし，②集団生活・集団行動ができ，それに必要な③校則等の学校の決まりごとを守るということがあげられるように思われます。1980年代の制服を見ると，まさにこの①〜③を実現する服ということができます。1980年代には制服自体が地味な色で膝丈より長いスカートなど華美でないデザインであり，スカート丈の範囲やネクタイの着用など，守るべき規

則が決められていました。

　次に集団として見た場合，生徒はみな，厳格に指定された同じ服装をしているわけですから，同質的な個人が集まる生徒集団を形成することとなります。この集団は，平等・公平であるかもしれませんが，個性もないように見えます。こうした特殊な集団として，生徒は学校に参加することとなるわけです。

　個性なき同質的集団という表現は，大げさかもしれません。しかし，当時の制服に対する息苦しさは相当なもので，制服反対運動が全国規模で起きていました。なぜ学校のなかではこんな服を強制されるのか，学校の厳しい管理への批判があったわけです。当時の若者が有していた学校に対する息苦しさを共感的に歌ったロック・ミュージシャンの故・尾崎豊さんは，当時の学校による管理のことを「支配」と表現しました。一方，リベラルな学校では制服を廃止するところも見られ，それが自由な校風であることの象徴でもありました。

2. 学校とは何か——規律訓練機関

　このように考えると，制服を着た集団として若者を取り込む学校とは，じつは特殊な空間であるということが見えてくるでしょう。次に学校という教育機関がどのような教育の場か，そのルーツから明らかにしてみましょう。

安価に大勢の学習者を教えるシステム

　私たちが通っている学校（国民がみな学校に通うような学校:近代学校）のルーツを探っていくと，1つには19世紀の英国においてランカスターという若者が

興した学校システム（ランカスター・システム）に行き着きます。

　その特質をきちんと述べると1冊の本が書けるくらいになってしまいますので，ここではかいつまんで以下のように説明しておきます。柳治男の『〈学級〉の歴史学』によると，ランカスターは，①貧しい地域の子どもたちに最低限の読み書き・計算を教えるために，②安価で効率的（大量）に教えられる仕組みを考えました。そこでは教員を雇うお金が十分にないため，③チューター（上級の生徒）が生徒集団を一斉授業として教える仕組みを採用しました。ランカスターは，当時の産業革命を教育に適用し，いわば大量生産の教育工場をつくることを考えたのです。一斉授業というのは，今では当たり前になっていますが，裕福な学生のみが通う学校では必ずしもその仕組みを採用する必要はなかったので，歴史的な発明物だったのです。教科書を買うお金もないので，授業は教材が貼り付けられた教場内の場所を小集団の生徒がめぐって学ぶ仕組みになっていました。

　そのシステムで最も特筆すべきは，現在の大学の大講義室のような教場があり，そこで一斉に規律訓練の時間があることでした。授業は小集団に分かれますが，規律訓練は生徒全員が大教場に着席した状態で教師やチューターに前と横からの監視を受けながら行われます。生徒は，号令に合わせて一斉に起立したり，姿勢を正したりしました。

　集団一斉教育を行うのには規律訓練が必要だということをランカスターは理解していました。すなわち，授業中に先生のいうことを聞く，指示されたことをきちんとできる，学校のオン（授業）とオフ（休み時間）のリズムに合わせられるような身体があって，初めて一斉授業が成り立つと考えていたのです。

規律訓練機関としての学校

　こうした規律訓練は，現代の日本の学校にもあてはまる側面があります。

授業の始めと終わりには号令に合わせて礼をする，朝礼や集会のときには「体育の座り方」をするというような身体の統制がなされています。考えてみれば，きちんとした生徒とは，こうした所作ができる生徒ということなのかもしれません。現代の学校でもそうしたことができない生徒が多いと学級崩壊につながりやすいとみなされている節があります。そして制服を着せるということはまさに，この規律訓練の一環として位置づけることができます。

　ここでは簡単にふれるにとどめますが，思想家のM.フーコー（Foucault, M.）は，こうした特質をもつ学校を社会的な規律訓練機関と位置づけています。私たちの生きる世界（近代社会）は，自分を直接支配する王のような存在はいないのですが，しかし，そういう社会は意外に規律にやかましいというのです。それは，社会の成員一人ひとりが，いわば自分を自分で律する人になることによって，社会秩序が保たれている世の中であるというわけです。そこでは，規律訓練機関（例としては監獄，学校，病院，軍隊などで，そこでは規則正しさが重視されています）が設置され，人々はそこで規律をたたき込まれ，やがて自分を律することができるような人になるといいます。

　教育社会学者の藤田英典は，規律訓練機関としての学校とはあえて一般社会よりも厳しい空間をつくり，そこに学齢期の子どもを囲い込んで生活させる仕組みであると位置づけています（藤田1991）。1980年代の日本の学校は，校則や生徒指導の厳格な適用に象徴されるように，こうした規律訓練を前面に押し出した機関としてとらえることができるように思われます。実際，当時の学校では，朝，教師たちが校門に立ちスカート丈等の身なりをチェックするというような指導（校門指導）が行われることがありました。

3. 制服——「地味」から「おしゃれ」への転換

　いよいよ制服の変遷について考えていきましょう。制服の変遷の背景には，教育を取り巻く社会の変動があると見ることができます。ここでは以下の3点からそのことを見ていきます。

若者文化としての「おしゃれ」な制服

　本章の最初に簡単なワークを行いました。みなさんは，1990年代以降の制服姿の特徴をどのようなものだと考えましたか。そこでは①短いスカート丈，②チェック柄などを指摘した人が多いのではないでしょうか。

　女子生徒の制服の着こなしの流行は，1980年代に長いスカート丈だったものが1990年代初頭に短いスカート丈へと変わりました。この背景には，ミニスカートの制服にルーズソックス，ガングロ（日焼けした顔）等という出で立ちの「コギャル（高校生「ギャル」）」ファッションが流行したことが深く関係していると考えられます。それまで渋谷・原宿などの若者の街は，制服で行くことが最も「ダサい」とされていましたが，90年代初頭には渋谷のセンター街等は「コギャル」ファッションで行くのが最もふさわしい場所になりました。このように制服が若者文化の舞台に上げられるという現象があり，その影響が学校へと及び，すでに80年代後半から首都圏等で始まりつつあった短いスカート丈の流行を全国的に本格化させていったと見てよいでしょう。

　短いスカート丈の制服は，このように若者文化とのつながりが深く，それを着る生徒にとってもそれまでの制服とは違った意味合いをもつようになりました。長い丈が流行していた80年代では，最も丈を長くしていた「ツッパリ」や「ヤンキー」の女子生徒は学校への反抗を明確にしていたし——異様に長いスカートは反抗の証であった——一般の生徒も「よい子」に見られす

ぎないようにと少しスカート丈を長くすることがあったそうです。このように当時の制服の変形には，学校の管理に対する反抗ないしは同調を緩めるという意味合いが含まれていたと見ることができます。

　ところが1990年代以降には，そうした反抗というよりも，むしろファッションの領域でも取り上げられるような「おしゃれ」で楽しい格好をするという意味合いが強くなっていったように思われます。学校への同調や反抗云々よりも，「そのほうが可愛いから」という理由で制服を変形させるようになったのです。

教育改革と生徒一人ひとりの主人公化

　短いスカート丈の制服の流行は，若者文化の影響としてのみとらえられるものではありません。そうした流行を受け入れ根づかせるような土壌が，学校教育をめぐる大きな変動を経て形成されてきたと見ることができます。

　教育改革の議論では，1980年代の学校教育のイメージは，管理教育，学歴主義（一元化されたゴール），詰め込み，（受験のための）知識偏重，（集団主義ゆえの）画一的・没個性などのネガティブなキーワードでとらえられてきました。そして1990年代に入ると，そこからの転換を図る教育改革が実施され学校教育に大きなインパクトを与えます。90年代以降の教育改革のキーワードとしては，主体的な学び，自己実現（その人なりの多元的目標），個性尊重，生徒の自主性・選択の尊重，などがあげられます。80年代の学校教育のイメージが，生徒は学校によって「敷かれたレール」を歩きつつ，知識獲得競争を通じた成績で振り分けられるというものだとすれば，この教育改革がめざすものは，生徒一人ひとりが個性を生かしつつ目標を定め，それに資する学びを自主的に行うというようなものといえるでしょう。ここでは学習主体，行動主体としての個人が重要視されていると見ることができます。この意味では，「脱ゆとり」といわれる現代においても，その方向性は引き継がれて

いるということができます。

　こうした動向において生徒が学校から（潜在的に）受け取るメッセージもまた変容しました。80年代の学校教育が規律や集団を重んじ厳格な統制を行うあまり，ときに生徒たちは「お前は脇役にすぎない」というようなメッセージを学校から受け取っていたかもしれません。これに対して90年代の教育改革で発せられたメッセージは，「生徒一人ひとりが個性輝く主人公です。学校はそれを支援します」になっているということができそうです。

　このような方向のなか，生徒指導は統制から許容へという方向に舵が切られていきます。そこでは制服は，厳格なチェックの対象になることは少なくなり，むしろ主人公としての生徒が自己肯定感をもてるような服装として位置づけられることとなったのです。

経済不況と学校のサバイバル・ストラテジー

　ただし，生徒指導が統制から許容へという方向に向かったのは，教育改革における教育方針の転換だけが原因ではありません。バブル崩壊後の経済不況もその重要な要因といえるでしょう。

　経済が強かった1980年代の日本には，学歴社会の成功観，すなわち学校での学業的成功がその後の人生での成功につながる——しかもその成功とは，「いい会社」という（官僚的）組織の一員になる——という成功観がありました。ここでは，生徒が社会的成功をめざすならば学校の指導に従わざるをえないという状況があったといえます。すなわち，当時から学校外には若者文化の世界が広がっていましたが，学校の強い力を背景に規範を徹底することで学校内への流入をシャットアウトしようとしていたというわけです。

　ところが，1990年代以降，経済が悪くなると学歴社会の成功像は崩れ，「エリート大学を出ても成功は保証されない」時代になりました。そうすると，「この学校で学業に励んだところで何になるのか」という意識が生徒た

ちに広まりはじめます。実際，経済不況の高校就職への打撃は大きく，求人が激減した結果，それまで維持されていた企業と学校とのつながり（実績関係）が損なわれていきました。最も問題を抱えたのは学校階層構造の下位に位置する就職者を多く輩出する高校で，良好な就職先の多くが失われることも少なくありませんでした。こうした学校では，この学校にいることの意味を見出せないような生徒を抱えることになりました。ここでは学校を存立させるために生徒の学校への関与をどう高めるのかが高校の課題となったのです（この課題自体は，中堅校にいたるまで共有されていました）。

　すると学校運営のなかでこのような時代を生き残るための戦略（サバイバル・ストラテジー）として制服が浮上してきました。生徒の居場所になることができるような――主人公としていられる――学校づくりがめざされ，このとき「おしゃれ」な制服がその1つのツールとなったのです。実際，制服が可愛いいからその学校を選んだという人も出てきています。学びのほかに制服もまた学校が提供するサービスの1つになっているということができるのです。すなわち制服は1980年代の管理ツールに対して，経営ツールと見ることができます。地味な制服が多かった公立の学校でも，2000年代にかけてタータンチェックの柄の制服を採用するところが急増しました。「華美でない」を演出する制服は，ここで「おしゃれ」を演出することになったというわけです。

4. 結語――管理に注目して

　これまで，制服の意味やその流行の変遷を切り口にしながら，背景にある学校社会の動きをとらえてきました。本章の結びとして再び管理という側面から現代の学校を考えていきたいと思います。おしゃれな制服が主流となっ

ている昨今の学校において，管理はどうなっているのでしょうか。自由や自主性を尊重され，学びの主人公として位置づけられる現在の生徒は，管理から逃れることができるようになったと考えるのが妥当なのでしょうか。

最初に指摘しておきますと，学校という場は依然として規律訓練機関であるということには変わりありません。現代でも学校は集団活動を抜きにしては成り立ちませんし，そうした集団行動を教える役割を担っています。そのうえで統制から許容へという動きのなか，前述の尾崎豊さんが表現したような「支配」的な管理は，なりを潜めたように思われます。

ただし，とくに2000年代以降，いわば「自由を利用した管理」というべきものが，社会のさまざまな領域で力を増してきていることを指摘しておきたいと思います。これは新自由主義と呼ばれ，自由が最大限に保証されているものの，その結果については個人の責任で引き受けなければならない——公的機関はそれを助けない——という管理の方法です。生徒に押しつけをせず，自主性を発揮させる学校では「生徒は自主性を発揮して，自由に進路や学びを選んでください。学校はそれを支援します（でも結果についてはあなたの責任で）」というような考え方が教育現場にも入り込んできているように思われます。現在の学校では，進路選択のときに自分で選択した「夢」を追い求めることが可能になっているかもしれません。しかし，その結果，「夢」の実現が難しくて，不安定な雇用状態におかれてしまっても，自分の選択の責任は自分で負わなくてはなりません。

さらに，今後，より直接的に主人公としての生徒（主体的学習者）を通じた管理も考えられるところです。2020年から施行される学習指導要領では「学びに向かう力」という新しい力が設定されています。これから先の話ですので実際どのようになるのかはわかりませんが，授業に積極的に関与できない者は「学びに向かう力」が劣っているという評価がなされる可能性もあります。生徒の主体的な学びを引き出すというのは，生徒の主人公化の動きの1つと見ることができるのですが，このように「学びに向かう力」の名のもと

に授業への真面目な参加を強制させるような規範的管理が強化されることがあるかもしれません。同時に「協働的な学び」においても，人と交わることを苦手とする人の性格・人格が矯正すべきものとみなされる可能性も考えられるところです。学習者の自主性を活かすような教育において，逆説的に学校にとって都合のよい人格をつくるために規範的な管理が横行する可能性がないわけではないのです。これらは，仮定の話であるのですが注視していく必要があるように思われます。

ワーク2

　現在の高校の校則でスカート丈の規定はどうなっているのでしょうか。80年代当時と今を比べてください。また，現在，地域によっては制服の様子が違っているかもしれません。そこではどのようなことが起きているのか考えてみましょう。

参考文献

大多和直樹『放課後の社会学』北樹出版，2014年

藤田英典「学校・情報化と人間形成空間の変容──分節型社縁社会からクロスオーバー型趣趣味縁社会へ」『現代社会学研究』第4巻，1991年

柳治男『〈学級〉の歴史学──自明視された空間を疑う』講談社，2005年

（大多和直樹）

第8章

「いじめ」という問題

　今の時代，ほとんどの人が「いじめられた」「いじめた」「いじめているのを見た」などの「いじめ」にまつわる経験があるでしょう。本章では，そういった個人の経験談を，教育学の理論のなかに位置づけながら，「いじめ」がいったいどういう問題なのかを考えていきます。

　排除，競争的文化，同調圧力

1. 「いじめ」はいつから始まったか

　現在，私たちが「いじめ」として問題視しているような事柄は，いつから始まったのでしょうか。図表8-1を見ればわかるように，政府が統計で「いじめ」の実態を把握しようと，実態調査を始めたのは1985年のことです。それまで，「いじめ」という問題とその実態は，ほとんど知られていませんでした。

　この事実をもって，昔は「いじめ」はなかった，「いじめ」は贅沢に慣れ，甘やかされて育った現代っ子特有の課題だと主張する人がいるかもしれませんが，それは誤った認識です。「いじめ」としては知られていませんでしたが，特定の人に対して暴力をふるったり，恐喝をしたりするような行為は，昔から存在していました。1980年代初めまでは，そういった行為は「校内暴

図表8-1　いじめの認知（発生）件数の推移

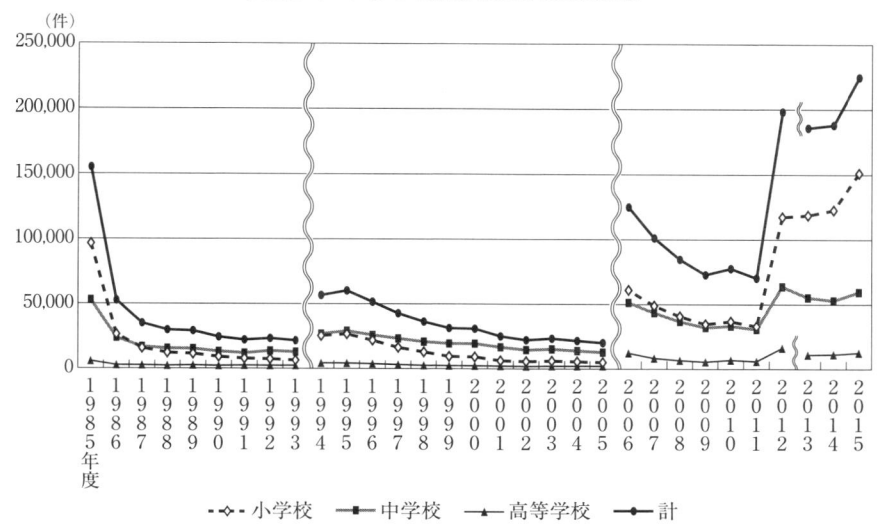

注）1. 1993年度までは公立小・中・高等学校を調査。1994年度からは殊教育諸学校，2006年度からは国私立学校，中等教育学校を含める。
　　2. 1994年度および2006年度に調査方法等を改めている。
　　3. 2005年度までは発生件数，2006年度からは認知件数。
　　4. 2013年度からは高等学校に通信制課程を含める。
出所）2015年度『児童生徒の問題行動・不登校等生徒指導上の諸課題に関する調査』より。

力」として把握されていたのです。

　それまで別の名前で呼ばれていた行為を「いじめ」と呼ぶようになったということは，この行為をしたら「いじめ」だ，という確固たる定義があるわけではないことを意味しています。実際，文部省（当時）が「いじめ」に関する実態調査を始めた1985年の時点では，「①自分より弱い者に対して一方的に，②身体的・心理的な攻撃を継続的に加え，③相手が深刻な苦痛を感じているものであって，学校としてその事実（関係児童生徒，いじめの内容等）を確認しているもの」と定義されていました。学校が事実を確認したものだけを「いじめ」としていたため，当初，報告される数字は「いじめ」の発生件数だと疑いなくみなされていました。

しかし，多くの子どもは自分がいじめられていることを，他人に知られないようにふるまう傾向があります（3節で詳述）。本当は「いじめ」が発生しているのに，学校がその事実を把握していないことがあるのです。また，いじめている側の子どもが，自分が「いじめ」を行っていると認識していないことはよくあります。いじめた側が，いじめたのではなく，からかっていただけだと主張し，学校が「いじめ」はなかったと結論づけて問題化したこともありました。こういった指摘を受けて，1994年には「①自分より弱い者に対して一方的に，②身体的・心理的な攻撃を継続的に加え，③相手が深刻な苦痛を感じているもの」という文言に加えて，「個々の行為がいじめに当たるか否かの判断を表面的・形式的に行うことなく，いじめられた児童生徒の立場に立って行うこと」という一文が，いじめの定義に追加されました。行為の内容ではなく，行為を受けた側が苦痛を感じているかどうかによって，「いじめ」が判断されるようになったのです。また，実態調査でも，発生件数ではなく，学校側が気づいた件数＝認知件数と表記されるようになりました。

　さらに，「いじめ」の実態に関する研究が進むなかで，いじめっ子といじめられっ子の立場の入れ替わりが起こること（3節で詳述），最初は遊びだった行為が次第に深刻な「いじめ」へと発展する場合があることなどが明らかになってきました。そこで2006年からは，それまでの「一方的に」「継続的に」「深刻な」といった文言を削除し，「『いじめ』とは，『当該児童生徒が，一定の人間関係のある者から，心理的，物理的な攻撃を受けたことにより，精神的な苦痛を感じているもの』とする」というように定義が変更されました。

　現在，いじめ防止対策推進法（2013年）によって，「いじめ」は「児童等に対して，当該児童等が在籍する学校に在籍している等当該児童等と一定の人的関係にある他の児童等が行う心理的又は物理的な影響を与える行為（インターネットを通じて行われるものを含む）であって，当該行為の対象となった児童等が心身の苦痛を感じているものをいう」と定義されています。被害者と直接的な関係性のない者が，明確な攻撃の意図がないまま，被害者に苦痛を与える

場合も含めて「いじめ」とした点に特徴があります。学校や社会状況の変化とさまざまな研究の進展を受けて、「いじめ」の定義は実態をより適切にとらえるものへと変更されてきたのです。

ワーク1

①2006年の「いじめ」の定義と，2013年のいじめ防止対策推進法の定義では，何が変わりましたか。

②なぜ，そういう変更が必要だったのでしょうか。2006年の定義では何が不足していたのか，社会状況や学校現場の実態の変化をふまえて考えてください。

---

2. 「いじめ」をタイプ分けして考えよう

　さて，何度も定義の変更がされてきた「いじめ」と呼ばれる事象ですが，その内容はさまざまです。行為の内容ではなく，行為を受けた側が苦痛を感じているかどうかによって，「いじめ」であるかが判断されるということは，精神的にタフなAさんが何も気にならなかった言葉でも，人の目を気にしがちで繊細なBさんにとって，いじめられたと感じるかもしれないということです。また，運動が得意ではないCさんが体育祭で先輩たちから受けたハードな特訓を「いじめ」だと思ったのに対し，野球部で甲子園をめざし，厳しいシゴキに耐えてきたDさんは，まったく余裕だと感じることもあるでしょう。地獄のような特訓を経験したCさんは，ちょっときつくいわれただけに見えるBさんの経験を，同じ「いじめ」問題として語りたくないなと感じるかもしれません。

　このように，人によって異なる「いじめ」のとらえ方や，「いじめ」の内容があることを考えると，たんに「いじめ」と一括りにとらえて議論すること

図表8-2　いじめの分類

内藤朝雄 (社会学者)	暴力系のいじめ	殴る，蹴る，パシリをさせるなど
	コミュニケーション操作系のいじめ	シカト，仲間はずれ，クスクス笑い，悪口をいうなど
今津孝次郎 (教育学者)	排除のいじめ	無視をする，悪口をいう，靴を隠す，落書きをするなど，特定の子どもを仲間はずれにする行為
	拘束のいじめ	いじめる対象の子どもを自らの懐に入れ，抜け出すことができない状態にしながらいじめる
河村茂雄 (心理学者)	人間関係の軋轢タイプ	人間関係の摩擦から発生するもの
	遊び型タイプ	加害者意識が希薄で，はじめはおもしろ半分だが次第にエスカレートしていじめになるもの
	非行タイプ	継続的な暴力や恐喝
藤田英典 (教育社会学者)	集団のモラルが混乱・低下している状況で起こる	
	何らかの社会的な偏見や差別に根ざすもの，基本的には異質性排除の理論で展開する	
	一定の持続性をもった閉じた集団のなかで起こる	
	特定の個人や集団が何らかの接点をもつ個人に繰り返し暴力を加え，あるいは恐喝の対象にする	

出所）加野2011，100－104頁から作表。

が，そもそも乱暴な話だといえます。「いじめ」と表現されている事柄の内実を分類し，それぞれのタイプ別に「いじめ」の実態や発生する原因等を考えるべきでしょう。

　これまで，「いじめ」の実態を正確にとらえ，適切な対処法を考えるために，多くの研究者が「いじめ」を分類しようと努力してきました（図表8-2）。研究領域や立場の違いによって，行為や理由に注目するなど，分類の仕方はさまざまです。大きな傾向として，「いじめ」の具体的な内容について，①殴る蹴るなど，相手に対する暴力行為として現れる「いじめ」と，②仲間はずれ，悪口のように集団から相手を排除するタイプの「いじめ」があることがわかります。②の相手を集団から排除するタイプの「いじめ」は，相手に直接的に暴力をふるうわけではありませんが，心理的に大きな影響を与える

という点で「透明な暴力」(加野2011) と呼ぶことができます。このタイプの「いじめ」は，他の国とは異なる日本の「いじめ」の特徴だと指摘されています。

3.「いじめ」についての誤解

　社会学者の森田洋司らは『新訂版いじめ』という本のなかで，今日の「いじめ」には，①いじめの可視性の低下，②立場の入れ替わり，③スティグマの拡大，④いじめの集合化，⑤歯止めの消失，⑥いじめと非行の接点という6つの特徴があると述べています (森田・清永1994)。

　①いじめの可視性の低下とは，子ども集団の外からは「いじめ」が見えにくいことをさしています。「いじめ」のなかには，冗談やからかいといった，日常生活との連続性のある出来事や，「いじめ」を行う側が加害意識をもっていない出来事が含まれていて，外側から「いじめ」を発見することが難しいのです。また，子どもは自分がいじめられたとき，そのことを恥ずかしいと思い，まわりの人に気づかれないようにふるまう傾向があります。そのことも手伝って，ますます「いじめ」は外から見えにくくなっています。学校の先生や親が気づかないことがあったとしても，それは彼らの無関心や鈍感さに原因がある場合よりも，こういった現代の「いじめ」の特徴が関わっている場合のほうが多いかもしれません。

　②立場の入れ替わりとは，いじめっ子といじめられっ子が頻繁に入れ替わることをいいます。「いじめ」を見て見ぬふりした傍観者も「いじめ」の加害者と同じだ，だから勇気を出して「いじめ」をやめるように声を出そうという，「いじめ」問題の解決としてよく知られた考え方があります。しかし，いじめられっ子と傍観者の立場が理由もなく入れ替わる恐れがあると考える

とどうでしょう。今日は傍観者でも，見て見ぬふりをしないと次は自分が被害者になるリスクがあるのならば，自分の身を守るために声を出すことができないのかもしれません。それでも声をあげるべきだというのは，子どもの恐れを無視した意見といわざるをえません。

　また，親のしつけが失敗して性格が歪んだ子どもがいじめっ子になるという言説や，思いやりや道徳心に欠けた子どもが「いじめ」を行うという前提を耳にしたことがある人も多いでしょう。しかしそれも誤った考え方であることがわかります。今日はこの人，明日はあの人というように複雑にいじめっ子といじめられっ子が入れ替わるのだとすれば，それは誰か1人のパーソナリティの問題ではありません。家庭教育の改善や道徳教育の強化では解決できないのです。集団の人間関係への着目が必要です。

　③スティグマの拡大とは，「いじめ」の口実になるような弱点とされるものが，身体的，環境的な要因に基づくものだけでなく，真面目さや目立つことなど，従来プラスの要因とされたようなものにまで拡大していることをさしています。④いじめの集合化は，現代の「いじめ」が，特定の個人が行うというよりも，集合化したいじめ集団によって行われる傾向があることを意味しています。傍観者が仲介者（いじめをやめるように声をあげる者）になることが難しい理由はここにもあります。集団で行われている「いじめ」に対し，正義感を振りかざして目立つことは，それ自体が次の「いじめ」のきっかけになってしまうかもしれないのです。

　そして，「いじめ」の結果に対する想像力がなくなっていることに由来する⑤歯止めの消失が見られ，その「いじめ」の内容から，⑥いじめと非行との接点が観察されるようになっています。「いじめ」は普通の子どもたちの間で起こる問題行動で，非行とは区別されるという従来の考え方があてはまらなくなっていると森田らは指摘します。そして，「いじめ」がエスカレートして粗暴化・犯罪行為化しているだけではなく，家族の不安定化や生活の困窮といった社会的・経済的な要因や，そういった問題に十分に対応できな

い学校教育などが，「いじめ」と非行の原因として共通して観察されると述べています（森田・清永1994）。

　見てきたように，昔は「いじめ」がなかったという主張や，残念な家庭教育を受けたからいじめっ子の性格になったのだという考え方は，今日の「いじめ」議論のなかでは否定的に受けとめられています。それよりも，集団のなかで，子どもがどうふるまっているのかに目を向けることが大切です。

　この点に注目した教育学者の加野芳正は，「いじめ」の本質を考える際には子どもの社会的発達に注目する必要があると主張しています（加野2011）。いじわるをする，暴力をふるうという行為に比べて，仲間集団を形成することや，集団を操作していじめられっ子をつくるという行為は，とても高度な政治的能力を必要とします。加野は，子どもが小・中学年頃になると「仲間集団」を形成し，その集団のなかで「掟」をつくるようになることに着目しました。「掟」は，それを守ることが集団の一員であることを確認するための儀式として機能します。「いじめ」は，この「掟」を守らない者への集団的制裁であると同時に，それを通して集団の「掟」を確認する行為でもあります。仲間集団への同調を促したり，そこから排除しようとしたりすることは，人が集団のなかで生きていくための発達の過程として，通るべき正当な段階なのです。日常生活のなかで，「空気を読む」ことを求められるなど，過剰な集団の同調圧力を感じ，それに息苦しさを感じている人が多いかもしれませんが，人の発達課題という観点から見たとき，ある程度の圧力は集団生活という営みには必然で，社会を維持するためには必要なことだといえます。

4. 集団の文化と「いじめ」の関係

　では，人が正常な社会的発達を遂げるなかで経験する仲間集団の形成や集団への同調行動と，ときに学校に行けなくなるほどの苦痛を与える「いじめ」との違いは，いったいどこから生まれてくるのでしょう。先ほど見た『新訂版いじめ』のなかで，森田らは次のように述べています。

　　　いじめは，たしかに昔からあったし，いじめのまったくない子どもの世界などは病的であり，子どもの世界からいじめを一掃しようなどという考えは，子どもの世界への冒瀆に等しい。それほどに，いじめという現象は，人間が集っているところに必ずといってよいほど認められる普遍的な事実である（森田・清永1994, 10頁）。

　いじめのまったくない子どもの世界は病的で，そういう世界を望むことは冒瀆だと断定しながらも，しかし，森田らは続けて次のように述べています。

　　　しかし，いじめが人間の本性と集団過程に根ざした普遍的な事実であるとしても，私達は，だからいじめは避けがたい問題だというつもりは毛頭ない。むしろ避けがたい問題であるからこそ，人間の社会や集団では，これらの問題の芽が伸びることを抑止するさまざまな「歯止め」を備えている。また，いじめが具体的に表れても，集団の局部的な現象に押しとどめようとする「歯止め」を備えている（同上）。

　その「歯止め」が学校では効きにくいのなら，いったい何がそうさせているのか，学校という集団の文化との関係で考えてみましょう。
　第1に指摘されるのは，学校という場が競争的な文化を備えているという

ことです。体育祭で応援合戦があったり，弁論大会で優秀者が表彰されたり，合唱コンクールがあったり，学校は個人や集団が競争することを奨励しています。学校のもつ競争的な側面を歴史的に明らかにした斉藤利彦は，競争には，よきライバルとして互いを鍛え合い向上させ合っていくメリットがある一方で，相手を打ち負かすことをめざし，上下の服従的な関係をつくりあげる排他的・敵対的なものとして作用するデメリットがあると述べています（斉藤1999）。優劣意識や上下関係を媒介にして，相互信頼や思いやりを弱化させていく作用が競争にはあるのなら，それこそが「歯止め」がかかりにくくなっている原因だといえるでしょう。

　第2に指摘されるのが，閉鎖的な人間関係です。大都市圏に住む若者は，習い事やアルバイト，趣味などの活動を通じて，学校外に学校とは異なる人間関係を築くことができます。学校内よりも学校外の人間関係を大事だと思う者も一定の割合でいることがわかっています。しかし，学校外の若者の居場所がほとんどない地域では，学校でしか人間関係を築くことがありません。それに加えて学校という場は，進学する，就職するといった共通の目的に向かって組織化されているうえに，学校外の若者文化と距離をとっています。価値観の多様化が起こりにくく，学校がよしとする価値観と違うものをなかなか認めない傾向があります。そういったところで築かれる閉鎖的な人間関係のなかでは，他人に対しても自分に対しても，人と違うことを許容しない雰囲気が生まれがちです。もし，学校のなかにいづらさを感じても，ほかに人間関係を築く機会がなければ，そこにいつづけなければなりません。その場合，学校の要求する同調圧力や仲間集団の価値観を受け入れることは，とても辛いものになるでしょう。

　第3に，学校が私たちに伝える「人と仲よくしなければならない」「友だちをつくらなければならない」というメッセージの偏りがあります。「1年生になったら友だち100人できるかな」という歌詞にあるように，学校は友だちが多いことがいいことであるというメッセージが支配的な場所です。社会

生活を営んでいれば，価値観の違いなどで誰かを嫌いになったり，どうして
も上手くやっていけない人がいたりするのは当たり前です。しかし，学校で
は「誰かを嫌いになること」はよくないこととされ，みんな仲よく，友だち
になろうというメッセージのみが強調されます。1人で過ごす力や，合わな
い人とそれなりにうまくやる力は，学校を離れてから社会生活を送るために
はとても大切な力です。しかし，それをどうやって身につけるのか，学校生
活のなかではまったく伝えられていないので，「いじめ」という手段で苦手
な人を排除するしか方法を知らないとも考えられます。

ワーク2

　学校が発している「みんな仲よく」「友だちが多いことがいいこと」といった
メッセージ，気づいていましたか？　学校生活のどんな場面で，どんなふうに私
たちに伝えられているのか，具体的に考えてみましょう。

---

5. 「いじめ」問題に向き合う

　以上をふまえて「いじめ」問題への向き合い方を考えてみましょう。
　まずは，「いじめ」を根絶することではなく，エスカレートしすぎて取り
返しのつかない事態にならないようにどう「歯止め」をかけるかが重要だと
認識しましょう。また，子どもも大人も，学校だけがすべてだと考えるのは
やめて，学校外のさまざまな機関や人々とつながりをもつことが大切です。
教師や学校のなかだけでは「いじめ」問題に対応することができないのは，
見てきたとおりだからです。さらに，4節での考察をふまえれば，1人でい
る力をつける，友だちは無理につくらないでもいい，自分とは違う人，苦手
な人とうまくやっていく方法を考えるといったことも「いじめ」問題への向

き合い方として導き出されますね。自分が人と違うことを恐れず，むしろ誇りをもって堂々とふるまえるようになるためには，どういうことが大切だと思いますか。

　あるいは，学校以外にどうやって人間関係を築くのか，その機会や方法を探るのもいいでしょう。インターネットの発展は，物理的な距離の問題を解消し，バーチャルな人間関係を築くことを可能にしています。また，フリースクールや通信制高校などの，従来の学校とは異なる教育の場の増加も，これまでとは異なる人間関係のあり方を提案しています。これらのことは既存の「いじめ」と人間関係の問題に，どんな新たな展開をもたらすと思いますか。

　さらに，今後，ますます少子化が進めば受験競争も変化し，それまで支配的だった学校の競争的な文化も和らぐかもしれません。近年の能力観は，「何を知っているか」という知識量の多寡から，「何ができるか」というスキルの問題へと変化しつつあります。求められる能力が変わり，受験競争のあり方が変わるとしたら，学校の文化はどう変わると思いますか。

　これこそ正解という答えはありません。それぞれの「いじめられた」「いじめた」「見ていた」経験を教育学の理論のなかに位置づけ直し，考えたことを少しずつ実践していくことで，いつか現実は変わります。考えたことがみんな違っていていいのです。まずは人と違う，それでいいということから始めましょう。

参考文献
加野芳正『なぜ，人は平気で「いじめ」をするのか？──透明な暴力と向き合うために』日本図書センター，2011年
森田洋司・清永賢二『新訂版いじめ──教室の病い』金子書房，1994年
斉藤利彦「日本の教育のしくみ」佐藤順一編『イジメは社会問題である』信山社，1999年

（寺崎里水）

第9章

これからの高等教育への進路選択を考える

社会の変化にともない高等教育が変容するなかで，進路選択のあり方について再考が求められています。本章では，職業的レリバンスという言葉を手がかりに，これからの高等教育への進路選択のあり方を考えます。

 キーワード　高等教育，職業的レリバンス，進路選択

1. 高校卒業後の進路選択を考え直す

高校卒業後の進路選択を振り返ってみよう

高校卒業後の進路として，みなさんはどのような選択肢を考えていましたか。本書は，主な読者として大学生（以下，断りのない限り，「大学生」「大学」は4年制のことをさす）を想定しているため，この本を読んでいるみなさんのなかには，進学を前提として大学を選択した人も多いかと思います。大学進学にいたる選択過程を区分すると，大きく以下の4つのタイプに分かれます。

（a）大学進学を前提に検討。進学先は，大学だけを考えた（「浪人」含む）。

（b）進学を前提に検討。進学先は，大学だけでなく，短期大学や専門学校（専修学校専門課程）も選択肢として考えた。

（c）進学だけでなく，就職も選択肢に含めて考えたうえで，大学に進学した。

（d）その他：他の教育機関に進学後，大学に進学（編入含む）。就職後，大学に進学した，など。

　こうして見ると，同じ「大学進学」でも，その過程で検討した内容は大きく異なることがわかるでしょう。今回は「大学進学」を選択した人に限ったタイプ分けですが，ここに短期大学や専門学校への進学や就職を選択した人も含めると，高校卒業後の進路選択のあり方は，非常に多様であることがわかると思います。こうした高校卒業後の進路選択の多様性を確認したうえで，最初に，以下のワークをしてみましょう。

ワーク1

　上記に示した4つの進路選択タイプ（a）〜（d）のなかから，自分の進路選択に最も近いものを1つ選び，タイプ別に用意された問いについて考えてみてください。そして考えた内容について，近くの人と意見交換をしてみましょう。

（a）：大学進学以外の選択肢を考えなかった理由は？

（b）：最終的に短期大学や専門学校ではなく，大学進学を選んだ理由は？

（c）：高卒就職ではなく，大学進学を選んだ理由は？

（d）：他の進路から，大学進学を決めた理由は？

　いかがでしたか。いろいろな意見があったと思いますが，（a）〜（d）に共通して見えてくるのは，大卒という学歴の有効性です。（b）や（c）タイプに該当する人のなかには，「専門学校に進学するより大学に進学したほうが就ける職業の選択肢が広がる」とか，「就職するより大学に進学したほうが将来的には有利だ」といった助言を保護者や先生たちから受けた人もいるでしょう。一方，（a）に該当する人たちのなかには，上記のような指導を受けた

経験がなく，「大学に進学するのが当たり前」や「そもそも職業を意識したことがない」といった人もいるでしょう。こうした人たちにとっては，どのような大学に進学するか——「学歴」や「学校歴」——が重要な判断材料だったかもしれません。

　以上のワークの振り返りからわかるように，高校卒業後の進路選択や進路指導において，「学歴」や「学校歴」が重視される傾向は今も続いています。しかし，社会が変化し，高等教育のあり方も変わりつつあるなか，従来の学歴を中心とした進路選択や進路指導のあり方だけでは対応しきれなくなってきています。本章では，その1つの切り口として「職業的レリバンス」という言葉を手がかりに，近年の高等教育の動向や課題を見ていきます。

2つのキーワード——高等教育と職業的レリバンス

　まず，本章で用いる2つのキーワードについて確認しておきましょう。

● 「高等教育」
　1つ目のキーワードは高等教育です。高等教育は，日本では，中等教育に続く上位の教育機関＝高等教育機関でなされる教育のことをさします。高等教育機関の定義には，狭義・広義のとらえ方の違いはありますが，広義には大学・大学院，短期大学，高等専門学校，専門学校が含まれます。本章では，この広義の意味での定義を用います。なお，文部科学省『平成29年度　学校基本調査』によれば，高等教育機関への進学率（過年度卒含む）は80.6％となっており，同世代のうち5人のうち4人は高等教育段階まで進学しています。

● 「職業的レリバンス」
　2つ目のキーワードは職業的レリバンスです。「レリバンス（relevance）」とは日本語に訳すと「関連性，適切さ，妥当性」であり，職業的レリバンス

とは職業や仕事との内容的な関連性やつながりを意味します。本章では「教育の職業的レリバンス」(「教育の職業的意義」と表現されることもあります) や「職業的レリバンスの明確さ」(本章で使う場合は, 学生の立場から見た「明確さ」を意味します) といった表現で使用しますが, 近年この言葉が使われるようになった背景には, 社会の変化のなかで教育に職業との関連性を求める多様な立場からのニーズがあります。

2. 職業的ニーズの高まりに対応した高等教育機関の変化

最初に, 近年の高等教育制度の変化や教育機関の動向を, 職業的レリバンスのニーズの高まりという観点から検討してみましょう。

実践的な職業教育を行う新たな高等教育機関の創設

まず, 注目したいのは, 新しい高等教育機関の創設です。日本において高等教育制度は長らく大学・大学院, 短期大学, 高等専門学校, 専門学校で構成されてきました。最も新しいものが1976年の専門学校の制度化なので, これまでの高等教育制度は, じつに40年以上変わらず続いてきたのです。

この高等教育制度に, 2019年4月から「専門職大学」と「専門職短期大学」という新たな高等教育機関が加わることになりました。これらの高等教育機関には, 実践的な職業教育を通して, 新たな社会・産業の変化に対応しうる専門職業人材を養成することが期待されています。ここで着目してほしいのは,「実践的な職業教育」や「専門職業人材」といったキーワードが示すように職業的レリバンスの観点が強く意識されている点です。

実際に，今回の新たな高等教育機関の創設にあたっては，高等教育の大部分を占める大学制度において，これまで職業教育が重視されてこなかったという認識のもと，政府や産業界から高等教育のあり方に対して変化を求める強い要請があったとされています。新しい高等教育機関の創設という，今後の高等教育のあり方を象徴する出来事の背景に，高等教育に対する職業的レリバンスのニーズの高まりを垣間見ることができます。

大学や専門学校における学科の動向

　高等教育に対する職業的レリバンスのニーズの高まりは，政府や産業界に限った話ではありません。近年の学生の進路選択行動のなかにもそうしたニーズの高まりが見て取れます。ここでは，具体的に大学や専門学校のどのような学科で学生が増加しているのか学生比率に着目し，見ていきましょう。
　まず大学です。『学校基本調査』の1997年から2016年までの20年間の学科別学生比率の推移を見ると，「社会科学」(40.1％→32.3％)で学生の比率が大きく減少し，「教育」(6.0％→7.4％)，「その他」(5.4％→13.7％)の学科で学生の比率が増加しています。この「その他」には，医学・歯学・薬学を除く「保健」(看護学や栄養学等)，「商船」，スポーツ科学系などが含まれており，近年新たに開設されている学部・学科の多くは，「医療・看護系」「子ども・保育系」「スポーツ系」などで占められています。
　こうした学生比率の増加が見られる学科に共通しているのは，教育目標が特定の職業に対応しており，学生の立場から見たときに，その学科と卒業後のキャリアとの関連が明確であるということです。一方，社会科学系の教育を通じて獲得する視点や考え方は，本来，社会で働いていくうえで有効かつ汎用性の高いものですが，学生の立場からすると，学科の教育と卒業後のキャリアがどのように結びつくのかが見えにくく，それが学生比率の減少の一因になっていると考えられます。

次に，専門学校を見てみましょう。専門学校はもともと，職業的レリバンスが明確な教育機関ですが，そのなかでも，とくに社会的需要が高まっている職業と関連が強い学科において，学生比率の増加や，新たな学科の開設が目立ちます。先ほどと同様に，『学校基本調査』の1997年から2016年までの20年間の学科別学生比率の推移を見ると，「医療分野」の学科（25.5%→34.0%）や「衛生分野」の学科（7.7%→12.3%）において，学生比率が増加しています。

また新たな職業ニーズに対応する学科等も開設されています。「観光ビジネス学科」，「葬祭ディレクター学科」，「eスポーツプロマネージメント専攻」（プロゲーマーの養成など）はその特徴的な例といえるでしょう。このように，大学・専門学校における学科別学生比率や学科の開設状況を見ると，高等教育への進学にあたり職業的レリバンスの明確さを重視する学生が増加している傾向がうかがえます。

3. 学ぶことと職業の関係の明確さが進学後の学習や生活に与える影響

2節で確認した，学生の立場から見た職業的レリバンスの明確さは，進路選択だけでなく，進学後の学習にも影響を及ぼすことが，最近の調査研究で明らかになってきています。ここでは社会変化に応じてさまざまなキャリアルートを提示してきた専門学校の教育を取り上げます。たとえば，ベネッセ教育総合研究所が2017年に現役の専門学校生を対象に実施した『専門学校での学びと生活に関する実態調査』では，いくつか興味深い効果が確認されています。図表9-1は，高校時代（回顧式）と専門学校時代（現在）の学習の様子や意識についてたずねた項目を比較したものです。結果を見ると，高校時

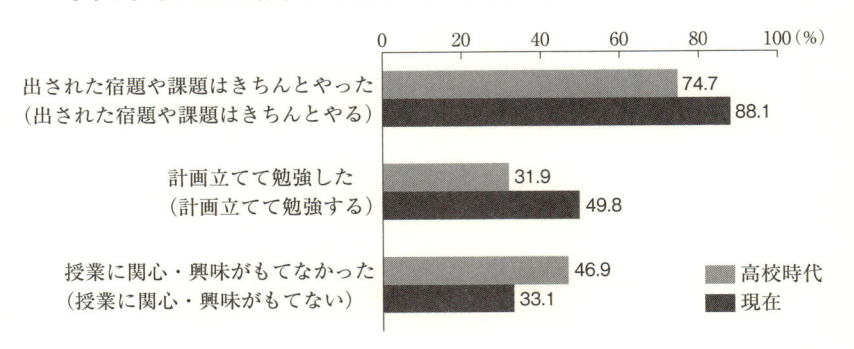

図表9-1　専門学校生の高校時代と現在の学習の様子の比較

【高校時代】Q：高校時代の学校や家庭での学習の様子についてあてはまる番号
　1つに○をつけてください。

【現在】Q：これまでの学校生活を振り返って次のことはどれくらいあてはまり
　ますか。あてはまる番号1つに○をつけてください。

出された宿題や課題はきちんとやった　74.7
（出された宿題や課題はきちんとやる）　88.1

計画立てて勉強した　31.9
（計画立てて勉強する）　49.8

授業に関心・興味がもてなかった　46.9
（授業に関心・興味がもてない）　33.1

高校時代
現在

注）数値は「とても＋まああてはまる」の合計。
出所）ベネッセ教育総合研究所（2017）『専門学校での学びと生活に関する実態調査』。

代よりも「出された宿題や課題はきちんとやった（出された宿題や課題はきちん
とやる）」（高校時代74.7％→現在88.1％），「計画を立てて勉強した（計画立てて学
ぶ）」（高校時代31.9％→現在49.8％）などの項目でポイントが上昇する一方，「授
業に関心・興味がもてなかった（もてない）」のポイントが減少（高校時代46.9％
→現在33.1％）しています。以上の結果から，専門学校教育のなかで，高校時
代よりも意欲的に学習に取り組む学生の様子がうかがえます。

　関連してもう1つ，データを見てみましょう。図表9-2は，同じ調査で，
専門学校の授業を通じてどのような教育機会があったのか，その種類と頻度
をたずねた項目のなかで，「学んでいる内容と将来の関わりについて考える」
機会の有無と学生の成長実感の関係を確認した結果です。

　その結果を見ると，「学んでいる内容と将来の関わりについて考える」機
会が「あった」と回答した学生と，「なかった」と回答した学生の間において
成長を実感していると回答した学生比率に統計的に有意な差があることが明

図表9-2　専門学校における教育機会と成長実感

教育機会　　　　　　　　成長実感「専門学校の学びを通じて自分は
　　　　　　　　　　　　　　　　　　成長している」の数値（％）

学んでいる内容と将来の　┌ 「あった」……▶ 90.3
関わりについて考える　　│　　　　　　　　　　　　　　　19.7p差
　　　　　　　　　　　　└ 「なかった」…▶ 70.6

注）1　教育機会の「あった」は「よく＋ときどきあった」と回答した人，「なかった」は
　　　「あまりなかった＋ほとんどなかった」と回答した人。
　　2　成長実感の数値は，「とても＋まああてはまる」の合計。
出所）ベネッセ教育総合研究所（2017）『専門学校での学びと生活に関する実態調査』。

らかになりました。

　以上の2つのデータから推測できるのは，職業との関連が明確な教育がもつ，授業に対する興味関心や学習と向き合う意欲を回復させる効果です。

　具体的な職業を実践的に学ぶことによる，学習目的の明確さがもたらす効果は，専門学校生を対象に行ったいくつかの質的研究でも確認されています。自分が学んでいる内容が将来めざす職業とどのように結びつくのか，学習した内容を「自分なり」に価値づける機会があることが，学生生活への充実感の向上や，学びに取り組む姿勢の回復の1つの要因になっているといえそうです。

4.「どこで学ぶか」から「何を学ぶか」 「なぜ学ぶか」が求められる時代へ

　2節では，「職業的レリバンス」をキーワードに，近年の高等教育動向の変化の特徴を明らかにし，3節では，職業との関連が明確な教育がもつ，学習に与えるポジティブな効果を見てきました。これらの内容をふまえながら，この4節では，これからの高等教育段階への進路選択のあり方を考えてみま

図表9-3 18歳人口と高卒者の進路先の変遷

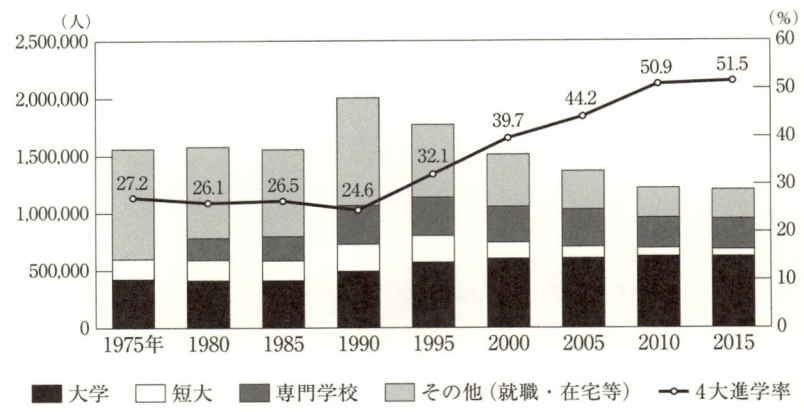

注）1 高校卒業者の進路先（大学・短大・専門学校・その他［高専4年生・就職・在宅等］）
　　　の合計が18歳人口。
　　2 「18歳人口」は3年前の中学校卒業者および中等教育学校前期課程の修了者数。
出所）文部科学省（2017）『学校基本調査』9 高等教育機関への入学状況より作成。

しょう。図表9-3は，1975年以降の高校卒業後の進路先の変遷を5年ごとに
グラフ化したものです。その結果を見ると1990年以降，18歳人口が減少す
るなかで，大学だけがその進学率を伸ばしてきたことがわかります。

　ここで1節で取り上げた進路選択タイプを思い出してみましょう。

(a)：当初から大学進学以外の選択肢を考えなかった学生。
(b)：最終的に短期大学や専門学校ではなく，大学進学を選んだ学生。
(c)：高卒就職ではなく，大学進学を選んだ学生。
(d)：他の進路から，大学進学へと進路を変えた学生。

　大学進学率が高まるなか，(a) はもちろん，(b) や (c) のような学生も増
えたわけですが，その結果，「大学の授業に関心・興味がもてない」や「大学
の学習についていけない」といった悩みを抱える学生の増加も報告されるよ
うになりました。

大学進学がユニバーサル化しつつあるなかで，なんとしても「大学に進学しなければ」と過度に進学期待が高められたり，十分な検討をしないまま「とにかく大学へ」といったかたちで大学への進学を決定したりする学生が増えたことが，中途退学や休学者の増加につながった可能性があります。

　また，「大学に進学しなければ」，「とにかく大学へ」という進学観は，高等教育と労働市場の結びつきの変容という点でも問題をはらんでいます。1章でもふれたように，グローバル社会の厳しい競争環境のなか，「学歴」や「学校歴」を主な基準とした新卒一括採用と，職場での実務を通した人材育成を前提とする「日本型雇用」は当たり前ではなくなってきています。「学歴」や「学校歴」さえあれば，よい職業に就け，安定した生活が送れるという時代は失われつつあるのです。そのような状況下において「とにかく大学へ」という進学観だけに基づき進路を選択することは，進学後の学習・生活適応はもちろん，卒業後の就職という点でも非常にリスクが高いといえます。

　とはいえ，「とにかく大学へ」という進学観で大学に進学したことは間違いだ，ということをみなさんに伝えたいのではありません。伝えたいことは，これからの大学教育を通じて何を学ぶか，なぜ学ぶのかを考えていく際，学歴や学校歴といった「形式的なつながり」だけではなく，その教育や学習がどのような意味があるのかという，いわば「内容的なつながり」に注意する観点をもってほしいということです。

ワーク2

　専門学校と比較すると，大学における教育や学習は職業との関連性が見えにくい傾向にあります。しかし，本当に関連は薄いのかどうか考えてみましょう。また，職業との関連性以外という点における，大学における教育や学習の意味についても考えてみましょう。

　いかがだったでしょうか。少なくとも大学における教育や学習と職業との関連は，職業に関する具体的な資格やスキル，知識の習得だけにとどまるも

のではないことを感じていただけたのではないかと思います。このようにふだん学んでいることと職業の関連性を客観的に把握したり，発展的に検討するためにも，学問の諸理論や概念を習得しておくことがとても重要です（本書2章・3章参照）。そして大学は，職業に限らずじつにさまざまな社会の現象や事象を研究対象としているので，それらの成果を学ぶことで，新たな視点から社会や自己についての認識を深めていくこともできます。このように学んでいることと，社会の現象や事象との内容的なつながりを意識することで，大学での学習をより「身近なもの」としてとらえられるようになるはずです。

　本章では，教育と職業とのつながりという観点から，近年の高等教育の変化や学生の学習の変化を確認してきました。ここであらためて確認しておきたいことは，学歴や学校歴さえあればその後の職業人生を順当に過ごせた時代と現在は大きく異なっていながら，それでもなお収入や労働条件の面で学歴・学校歴による格差が存在するという難しい時代に私たちが生きている，ということです。このなかで高等教育への進路選択をしていく際には，職業的レリバンスを意識し，現在そしてこれからの社会変化を見すえつつ，その後に続く長い人生を展望していく視点がより重要になっていくでしょう（本書10章・14章も参照）。

参考文献
中央教育審議会（答申）「個人の能力と可能性を開花させ，全員参加による課題解決社会を実現するための教育の多様化と質保証の在り方について」（中教審第193号）2016年
ベネッセ教育総合研究所『専門学校での学びと生活に関する実態調査』2017年
本田由紀『若者と仕事──「学校経由の就職」を超えて』東京大学出版会，2005年

（佐藤昭宏）

第10章

大学の大衆化と
ユニバーサル化

　上の世代の人と，学生生活や勉強や就活の話をしていると，昔と今の大学のさまざまな違いに気づくことがあります。本章では，大衆化とユニバーサル化という2つの言葉を手がかりに，大学の変化について考えていきます。

 キーワード　　世代，大衆化，ユニバーサル化

1. 今の学生と昔の学生

「最近の学生は……」

　上の世代の人から，こんなことをいわれたことがありませんか。

　「最近の学生は○○になった (でなくなった)」——たとえば，本を読まなくなった。遊ばなくなった。仲間同士の深い付き合いをしなくなった。社会問題への関心が薄くなった……。思いつくままにあげてみると，否定的な内容が多いかもしれません。

　それを聞いて，自分にもあてはまるところがあるなあ，と反省するでしょうか。それとも，十把一絡げにするな，と反発するでしょうか。

　反省するにせよ，反発するにせよ，いつもいわれっぱなしだと悔しくあり

ませんか。本章を読めば,「最近の学生は……」の話題も,今までとは違った視点で受けとめることができるようになります。

年齢効果と標本の偏りに注意

さて,この「最近の学生は○○になった(ではなくなった)」という言い方は,比較が前提になっています。つまり,当人の意識のなかでは「(自分がよく知っている)かつての学生と比べて」という比較に基づいているはずです。変化を認識するためには,少なくとも,「変化する前」と「変化した後」の2時点を比較する必要があるからです。

ただし,ここには,当人が意識しないところで,少なくとも3つの比較対象が混在している可能性があります。

第1は年齢効果です。大学や学生の性格がまったく変化しなかったとしても,大学を卒業して,社会経験を積んで成熟した大人の目線で見たときに,20歳前後の学生が未熟で頼りなく映ってしまうことがあります。これは「今の自分」と「今の学生」を比較していることになります。「今の若者」にダメ出しをする若者論はいつの時代にもどの社会にもあるようですが,たいてい,自分が若者だった頃の記憶が都合よく美化されるところから発生します。

第2は標本の偏りです。大学や学生の性格がまったく変化しなかったとしても,昔の学生のなかの「優秀な層」と,今の学生のなかの「平均以下の層」を比較して,「最近の学生」にダメ出しをすることがあります。いつの時代のどの社会にも優秀な層と平均以下の層はいますが,一方の代表を優秀な層から選び,他方の代表を平均以下の層から選んで,つまり偏った標本同士を競わせるのはフェアではありません。比較するなら,優秀な層同士,または平均以下の層同士でやるべきです。

準拠集団としての世代

　第3は時代の変化です。大学を取り巻く環境が本当に変化しているために，昔と今とでは学生がおかれている条件が大きく異なる，ということです。昔も今も，一人ひとりの学生を見ると多様で個性豊かであったとしても，昔の学生と今の学生を，それぞれ集団として比べてみると，たしかに変化していることがあります。逆にいえば，このレベルの比較によって，初めて時代の変化をとらえることができるのです。

　また，いつの時代の学生も，おかれた環境や条件のもとで，それに合わせて能力を発揮します。環境や条件が異なれば，求められる能力も異なります。たとえば「最近の学生にはコミュニケーション能力が足りない」という人は，その能力観が出てくるのは2000年代であり，そもそもコミュニケーションという言葉が日常会話で使われるようになるのは早くても1990年くらいから，という事実を知らないのでしょう（井上・永井編著2016, 154頁）。

　重要なのは，年齢効果や標本の偏りに注意を払いながら，時代の変化を正しくとらえることです。そのためには，「最近の学生は……」と語る人が，いつの時代のどの層の大学・学生を基準にして評価を下しているのかを見極める必要があります。このように，「人が自分自身を関連づけることによって，自己の態度や判断の形成と変容に影響を受ける集団」を，社会学では準拠集団といいます（『社会学小辞典［新版増補版］』有斐閣, 2005年）。

　日本では，同じ年に生まれた集団（同じ世代）で見ると，大学に進学するタイミングはだいたい高校卒業の1，2年以内です（世界的に見ると学生の年齢幅が小さいのは日本の特徴です）。したがって，実際の大学経験や社会のなかの大学像は，世代ごとに異なります。世代は，大学・学生の変化を認識させる，最大の準拠集団なのです。

2. 3つの世代の大学像

祖父母，両親，私たち

　時代による変化をとらえるために，3つの世代で大学像を比較してみます。2000年生まれが大学に入学してくるのは2019年4月からです。両親が30歳のとき子どもが生まれると仮定します。すると，2000年生まれの「私」から見て，両親の世代は30年前の1970年生まれ，祖父母の世代はさらに30年前の1940年生まれ，ということになります。そこで，1940年生まれ（祖父母）を第1世代，1970年生まれ（両親）を第2世代，2000年生まれ（私たち）を第

図表10-1　3世代の比較

世　代	第1世代（祖父母）	第2世代（両親）	第3世代（私たち）
生まれた年	1940年	1970年	2000年
20歳の年	1960年	1990年	2020年
高校進学率	51%	94%	99%
大学・短大進学率	10%	36%	57%
情報源	雑誌，本	テレビ，ラジオ	インターネット
連絡手段	手紙	電話（固定／公衆）	SNS

出所）学校基本調査より作成。高校進学率は1956年・1986年・2016年，大学・短大進学率（過年度高卒者等を含む）は1959年・1989年・2017年の男女合計の値を小数点以下四捨五入で使用。

3世代と呼ぶことにします（図表10-1）。

　3つの世代の大学像の違いに最も影響を与えているのは，同世代でどのぐらいの割合の人が大学に進学するか（大学・短大進学率）です。この割合が上昇することを，大学の大衆化といいます。大衆化の過程で，大学は，ごく少数の者だけの特別な場所から，誰もがアクセスできる開かれた場所へと，大きく変化していきます。進学率に加えて，景気動向，受験競争，就職状況など，さまざまな要因が組み合わさって，大学像に影響を与えます。

　では，3つの世代の大学像を，具体的に見ていきましょう。

第1世代──学問とスポーツのアナザーワールド

　祖父母の世代（1940年生まれ）の2人に1人は，中学卒業（1956年）と同時に就職しています。高度経済成長が始まり，賃金が安くて若い中卒労働者は「金の卵」と呼ばれ，大都市部に集団就職するようになった時期です。大学・短大に進学したのは同世代の10人に1人（男子15％，女子5％）。

　この世代にとって大学とは，学問をするところです。世間では「生きていくうえで学問など必要ない」という考えがまだ根強かったので，大学はまさに別世界（アナザーワールド）でした。

　たとえば，柴田翔の小説『されどわれらが日々―』（1964年）には1950年代後半の意識の高い学生たちの生活と葛藤が描かれています。祖父母の後輩たちの世代で大学進学をめざす高校生はみな読んでいたそうです。それを読むと，当時の意識の高い学生にとって，学問の先には革命があり，革命運動にどれだけ本気でコミットできるかという問題を軸に，お互いの立ち位置を測りあっていたことがわかります。革命とは無関係な生活を送る場合も，負い目を抱いたり，言い訳が必要だったりしたのです。

　その一方で，世間にとっての親しみやすさでいえば，学問よりスポーツのほうかもしれません。プロ野球読売ジャイアンツの終身名誉監督である長嶋

茂雄（1936年～）が立教大学在学中に東京六大学野球のスター選手として国民的な人気を集めたのは（ラジオ中継されました），1950年代後半，この第1世代がちょうど高校生の頃です。加山雄三（1937年～）主演の人気映画，若大将シリーズ大学生編11作品（1961～68年。1969～71年の7作品は社会人編）は，いずれも学生スポーツを舞台とした青春喜劇でした。

第2世代──学歴社会のなかのレジャーランド

　両親の世代（1970年生まれ）になると高校進学は当たり前で，大学・短大に進学するのも3人に1人を超えます。そうなると，とくに「どの大学」に合格できるかが人生の分かれ道のようにみなされ，受験競争はますます激しくなります。高校卒業の年（1989年），大学志願者の4割強は進学できず，大学入学者の3割強を浪人生が占め，「現役偶然，一浪当然，二浪平然……」などといわれていました（「三浪」以降は諸説あり）。

　この世代にとって大学とは「○○大学卒」という学歴（学校歴）を得られるところです。その親たちも受験競争を後押ししました。第1世代はほとんどが中卒と高卒ですが，就職してから，学歴によって職場での待遇や昇進に大きな格差があることを目の当たりにします。他方，経済成長により世帯収入も上がってきたので，大学は，一般家庭でもがんばれば手が届きそうなほど近い存在になってきました。もはや別世界ではありません。

　第2世代が中学生のときにテレビ放送された話題作，山田太一原作・脚本の『ふぞろいの林檎たち』（パートⅠ，1983年）では学歴（学校歴）による差別が扱われていました。高校生のときには，浪人生の恋愛模様を描いた原秀則の漫画『冬物語』（1987～90年連載）に胸を熱くしたかもしれません。本来暗いはずの浪人生活も，『予備校ブギ』（1990年）のように当時のイケてる若手俳優を総動員してトレンディな青春ドラマになっていました。

　激しい受験競争の反動と，卒業後にはそこそこの会社に就職できる，とい

う安心感から，大学入学後はサークルや遊びで青春を謳歌するのが当たり前になりました。1980年代半ばには「レジャーランド大学」という言葉も登場したほどです（竹内2003, 111頁）。しかしそれは長くは続かず，彼らが卒業する頃からバブル崩壊の影響がさまざまなところに出はじめます。

第3世代──終わりなき成長のためのブートキャンプ

　私たちの世代（2000年生まれ）の2人に1人は大学に進学しますから，それ自体はもはや人生の分かれ道ではなくなりました。1990年代初め以降，バブル崩壊と景気低迷により，企業は新卒の採用人数を絞り込むようになります（就職氷河期）。その一方で，大学や学部の新増設により，大学生の数は増加していましたから，卒業予定者の間の就職競争はますます厳しくなりました。就職_{シューカツ}活動をどう乗り切るかが，人生の分かれ道のようにみなされます。大学にも，かつて以上に，卒業後の人生設計を積極的に支援するような役割が期待されます。

　この世代にとって大学とは自分を成長させるところです。厳密にいえば，自分を成長させていくやり方を身につけるところ，成長しつづける自分へと鍛え上げるところです。これは祖父母や両親の世代にはなかった考え方です。

　とくに祖父母の世代は「なんとなく周囲に合わせていれば人並みの幸せを得られた」時代をずっと生きてきました。経済成長と人口増加により，社会全体の富が拡大していたからです。両親の世代も若い頃はそうでしたが，社会人になってから，そうした考えは修正を迫られます。

　かつての成長は，経済や人口など社会全体に関わる現象でした。個人にとっても，あとから「成長したなぁー」と振り返るものでした。今は違います。成長は，個人や企業が自ら引き受けるものになり，成長に向けて活動や環境を自らマネジメントするように促されます。また，他人相手の競争とは異なり，自分と向き合う成長に，終わりはありません。「一生勉強　一生青

春」は1991年に亡くなった詩人相田みつをの言葉ですが，もし彼が今生きていたら，「一生成長　一生青春」というでしょうか，それとも「成長しなくたっていいじゃないか　人間だもの」というでしょうか。それはともかく，大学選びでも就職活動でも，「自分を成長させてくれるかどうか」が重要な基準の1つになっています。

　第3世代の大学は，自らを成長させつづける人を育てています。米軍の新兵訓練施設はブートキャンプ (Boot Camp) と呼ばれ，「平均以下」の若者も，この厳しい環境のもとで一人前の兵士へと鍛え上げられます。それと比べたら大学はまったく厳しくありませんが，同年代の2人に1人を受け入れつつ，社会という戦場で困難なミッションを遂行できるようにしなければならないので，試行錯誤させながら鍛え上げる機会が豊富に用意されています。

　この世代の学生のリアルは，したがって，厳しい受験勉強でも楽しいキャンパスライフでもなく，就職活動に表れます。小説では石田衣良の『シューカツ！』(2008年) や，朝井リョウの『何者』(2012年) が今でも学生によく読まれています。これを読むと，まさに，「終わりなき成長」の価値・規範を内面化するプロセスの総仕上げが，就職活動であることがよくわかります。

3. 大衆化からユニバーサル化へ

世代間ギャップを理解する

　この3つの世代の大学像をおさえたうえで，応用問題を考えてみましょう。上の世代の目線からは，下の世代はどのように見えるでしょうか。

　第1世代の大学経験者にとって，第2世代は「学問もやらずに (≒本も読まずに・講義も受けずに) チャラチャラ遊んでばかりいる」ように見えます。また第2世代は，大学入試センター試験の前身の共通一次試験 (1979〜89年) に対応

した受験技術を磨いていたので「マークシート世代」などと揶揄されました。与えられた選択肢から効率的に正解を探しだす能力に長けている，つまり思慮が浅い，ということです。しかし逆にいえば，受験競争のなかで培われた，要領よく情報収集して土壇場の集中力でサバイブするスキルは，上の世代にはなかった強みです。

そんな第2世代の大学経験者にとって，第3世代は「受験競争にさらされておらず上昇志向やチャレンジ精神がたりない」ように見えます。しかし，第3世代にとっては「○○大学卒」は個人の幸せを保証するものではなく，「上昇」や「チャレンジ」の意味内容も人それぞれの時代ですから，他人から見えにくいのは当たり前です。自分の幸せは，周囲に合わせたり周囲に先んじることによってではなく，試行錯誤しながら自分を成長させることによって，実現する。この第3世代の価値観は，何が正解なのか誰にもわからない時代にこそ，強みを発揮するでしょう。

第2世代は，社会人になってまだ早い時期に，こうした大きな価値観の変化を経験しています。安泰だと信じていた会社や業界が，倒産したり衰退したり，とにかく苦戦を強いられる状況を肌で感じてきました。だから，第3世代の大学が向かう変化の方向性はよく理解できるはずです。

ちなみに，じつは第1世代も，上の世代の大学経験者からはダメ出しされていたのです。1947年の学校教育法により，それまで複線型で並立していた多様な高等教育機関を統合再編して，新制大学が誕生しました。そのとき，戦前の帝国大学を中心とする旧制大学を理想化して，新制以後の「最近の学生」にダメ出しをする風潮が強まったそうです（溝上編2002，4頁）。

1節で述べたように，いつの時代の学生も，おかれた環境や条件のもとで，それに合わせてスキルを身につけ，能力を発揮します。環境や条件が異なれば，求められるスキルや能力も異なることを理解する必要があります。

大衆化からユニバーサル化へ

　最後に，もう1つ応用問題を考えてみましょう。

　みなさん，つまり「私たち」の，子どもの世代が進学する頃には大学はどうなっているでしょうか。2000年生まれの「私」の子世代は，30年後の2030年生まれということになります（平均初婚年齢の上昇を考慮すると2035年頃でしょうか）。この第4世代が20歳になるのは2050〜55年ぐらいです。

　この未来の大学像を想像するときに，重要になる区別が，「大衆化にともなう変化」と「ユニバーサル化に向けた変化」です。

　2節のはじめに述べたように，大学像の変化の最大要因は，同世代のうち大学に進学する人の割合が上昇すること（大衆化）にありました。それは大学自身が直接コントロールできないもの，外からやってくるものなので，大衆化に対しては「受け身」が基本的な姿勢となります。大学・短大進学率は，2005年に50％を超えてから，伸びが鈍くなり，10年以上も55％前後で推移しています。もしも，これ以上は進学率が上昇しないと仮定すると，大衆化にともなう大学像の変化もまた，なくなることになります。

　では，本当に変化が止まってしまうのかというと，そうではありません。大衆化にともなう変化から，ユニバーサル化に向けた変化へと，新しい段階に移行しつつある（移行すべきである／すでに移行している……諸説あり），と見られています。

　ユニバーサル化（またはユニバーサル段階）とは，アメリカの社会学者マーチン・トロウが高等教育の発展の最終形態を予言するキーワードとして用いた言葉ですが（トロウ1976），日本では，トロウの予言から20年以上たってから，つまり第3世代の「私たち」が生まれた2000年前後から，大学関係者の間で強く意識されるようになりました。

　英語のuniversalは，普遍的な，つまり誰にでもあてはまる，という意味の形容詞です。したがって，ユニバーサル化には，たんなる量的な拡大現象（＝

大衆化）ということ以上に，「誰でも享受できるようにする」という積極的な理念が含意されています。トロウは，進学率50%（2人に1人）をユニバーサル段階の目安にしていました。2000年前後の日本では，大学・短大進学率が49%にまで達したので，あわててトロウの予言の内容を読み直したりしたのです（井上2018）。

　前節では，学生たちの振る舞いや価値観を中心に見てきましたが，2000年代以降は，学生の変化（大衆化）以上に，大学側の問題のとらえ方の変化（ユニバーサル化）のほうが，大きかったといえます。その変化を後押しするように，「ユニバーサルアクセス（誰もがいつでも自らの選択で学ぶことができること）こそが，来るべき知識基盤社会における大学の役割なのだ」と政策文書でも謳われるようになりました（中央教育審議会答申「我が国の高等教育の将来像」2005年1月）。

未来の大学はどうなっているか？

　私たちのいる，第3世代の大学は，ユニバーサル化への過渡期と位置づけられます。それまで（第1・第2世代では）個人的な問題や例外的な逸脱として処理されてきたもの——たとえば授業が難しいとか大学に適応できないなど——が，誰にでもあてはまるものとして，組織的かつ集団的に対処すべき問題として取り組まれるようになります。

　「勉強は自分でする」「講義に出席するかしないかも自由」「自由の責任は自分が引き受ける」というのが第2世代までの学生のルール（美学ややせ我慢に近いもの）でした。ドロップアウトすることさえも自由でした。

　第3世代でも，そうしたルールが継承されている大学・学生はあります（「大学は高校と違って自由だから……」と入学前後にいわれませんでしたか）。しかし，それと同時に，「勉強を教えるだけでなく，学びを支援する」「出席を管理するだけでなく，参加を促す工夫をする」「放置せず見守る，声をかける」とい

った新しいルール（どれも主語は教師や大学）が浸透しつつあることにも気づいてほしいのです。第3世代は，この2つのルールを同時に生きています。それが過渡期ということです。

　私たちの子ども（第4世代）が進学する頃の大学は，おそらくユニバーサル化が徹底されているでしょう。そのとき，第3世代（私たち）の大学経験者の目に，第4世代（子どもたち）の大学はどう映っているでしょうか。後者の新ルールが完全に定着して，空気のように，もはや意識されなくなるかもしれません。

　では，そのとき，自由と主体性を重んずる旧ルールはどうなっているでしょうか。この旧ルールが次の世代に継承されるかどうかは，過渡期を生きる私たちにかかっています。ルールというのは，十分に使いこなされたものしか継承されないからです。第3世代は新旧2つのルールを同時に生きていると述べましたが，みなさん自身は，どちらに軸足をおいて学生生活を送っているでしょうか。

　そのことは，「自分の子どもたちには，どのような学生生活を送ってほしいか」ということと裏表の関係にあります。次世代に対して安易にダメ出しをしない，という消極的な向き合い方にとどまるのではなく，彼らがおかれた環境や条件を見極めつつも，私たち自身が十分に使いこなした「大学の使い方」を，自信をもって積極的にアドバイスできるようになりたいものです。

ワーク2　ユニバーサル化の取り組みに気づく

①自分たちの通う大学でユニバーサル化（誰もが享受できるようにする）を意識した制度や取り組みの具体例をできるだけ多くあげてみましょう。

②具体例から1つ選び，それがないとどうなるか，また，それがなかった時代の学生たちはどうしていたか，想像してみましょう。

参考文献

井上俊・永井良和編著『今どきコトバ事情——現代社会学単語帳』ミネルヴァ書房，2016年

井上義和「学生多様化論の鵺的な性格——1990年代以降の改革言説における展開と機能」『高等教育研究』21集，2018年

竹内洋『教養主義の没落——変わりゆくエリート学生文化』中公新書，2003年

中村高康『暴走する能力主義——教育と現代社会の病理』ちくま新書，2018年

マーチン・トロウ著（天野郁夫・喜多村和之訳）『高学歴社会の大学——エリートからマスへ』東京大学出版会，1976年

溝上慎一編『大学生論——戦後大学生論の系譜をふまえて』ナカニシヤ出版，2002年

（井上義和）

第11章

話し合う技術の必要性

「コミュニケーション力」の重要性がしきりに叫ばれている今日，話し合うということの必要性があらためて見直されています。しかし，「話し合う」ということは，じつはとても難しいことでもあります。この章では，「話し合う」ことの難しさと，話し合いのための技術を身につけ，磨いていくことが社会においても，そして教育現場においても，とても大きな意味をもっている，ということを考えていきます。

 キーワード 「政治の知恵」，シティズンシップ教育，こども哲学

1. 人は「話し合い」の知恵を もともともっていない

みなさんは，「プロメテウスの火」という神話をご存じでしょうか。それは，だいたい次のようなあらすじの物語として知られています。

それは，遠い昔，神々が大地に生き物たちをつくったときの話です。プロメテウスとエピメテウスという兄弟神が，地上につくられた生き物たちに，彼らがちゃんと生きていけるよう，さまざまな能力を割り当てることになりました。弟のエピメテウス（「エピメテウス」という名前は「考えるのはあとで」という意味。一方，兄の「プロメテウス」は「先に考える」という意味になります）は，兄の

プロメテウスにお願いし，割り当ての作業を自分1人でやらせてもらうことになりました。

　エピメテウスは，ある動物には強い武器を与え，武器のない生き物には速さや翼や高い繁殖力を与え，そうやってすべての生き物たちが絶滅してしまわないようにバランスをとっていきました。

　ところが，まだ人間に能力を与える前に，エピメテウスはいつしかすべての能力を他の生き物たちに与え尽くしてしまいました。与えるべき能力はすでに残っておらず，人間だけがなんの武器もなく，裸のままです。それを知ったプロメテウスは，人間のために，神々のもとから火（たんなる「火」ではなく，広く「技術」を意味すると解釈されます）と，それを使う知恵を盗み出し，それらを人間に贈りました。

　献身的なプロメテウスのおかげで，人間は滅びることなく生きていくことができるようになりました。しかし当のプロメテウスは，盗みの罰として，山頂に縛りつけられて鷲に肝臓を食べられる，という罰を受けました。

　さて，以上が「プロメテウスの火」として一般的に知られている物語です。この物語は，人間が知恵や技術をもった特別な生き物であることの由来に関する神話として理解されています。しかし，古代ギリシア時代に生きた哲学者プラトンは，『プロタゴラス』という著作（プラトン訳書2010）のなかで，この物語に関する次のようなたいへん興味深い続きを描いています。

　プロメテウスが盗もうとしたのは，技術と知恵だけではありませんでした。彼はほかにも「政治の知恵」（「政治」というと難しく聞こえるかもしれませんが，要するにそれは，集団でまとまり，話し合い，どうすべきか決めていく，ということです）を盗もうとしていたのです。しかしそれは「力の女神」と「暴力の女神」という恐ろしい2人の女神に守られており，プロメテウスはあきらめざるをえませんでした。その結果，人間は技術と知恵はもったものの，集団になるたびにお互いにぶつかり合い，傷つけ合い，結局は滅亡しそうになってしまった，というのです。

いかがでしょうか。プラトンによる「続き」の部分は，とても不思議で，そして，恐ろしい話ではないでしょうか。知識や技術は，一人ひとりを活かすための「武器」となります。しかしながら，人は1人で生きているのではなく，社会のなかでさまざまな関わりをもって生きています。自分が生きるため，自分を守るためにふるったはずの「武器」が，相手を傷つけ，社会を争いに巻き込む恐れがあるのです。

　多くの人間たちが社会のなかでともに幸福に生きていくうえで重要になるのは，個人が生き抜くための「武器」をもつことだけではありません。お互いがそれぞれどんな「武器」をもっているのか，それらを何のために，どう活かすか，という全体的な視点や協力的な姿勢が欠かせないのです。そうした視点や姿勢がなければ，どんなに豊かな知識や技術をもっていても，私たちはお互いにぶつかり，傷つけ合ってしまうでしょう。

　ところが，残念なことにプラトンによれば「政治の知恵」，つまり，私たちを活かす全体的な視点や協力的な姿勢の基盤となる技術を，プロメテウスはわれわれ人間に贈ることができませんでした。政治の知恵とは，つまるところ，集団のなかで自分の意見を述べ，相手の意見を聞き，全体としてどうすべきか決めていくための技術です。

　プラトンが伝えているのは，私たちがただ知識や技術を手にしただけでは，社会のなかでともに生きていくことはできない，ということにほかなりません。

2. 「話し合い」は難しい！

　プラトンが「話し合い」が重要であること，そして私たちにはその技術が欠けていることを指摘したのは，今から2000年以上も前のことです。しか

し，彼の指摘は，現代の私たちにとっても，ほとんどそのままあてはまっているといえるでしょう。というのも，身近で些細なレベルから，社会全体に関わる大きなレベルにわたって，私たちの話し合いの技術が未熟であることを示す事例は，容易に見出せるからです。

　たとえば，みなさんにとっておそらく最も身近な例として，大学での授業を考えてみましょう。大学は本来，この社会のなかでも最も自由な話し合いが期待されるような場所であるはずです。しかし，大学の講義のなかで，「何か質問はありませんか」という教員からの問いかけに，学生から活発な質問の声があがる，という光景を見ることはあまりないでしょう。ゼミ型の授業でも同じです。学生が発表やプレゼンを行った場合でも，そこで質疑応答が活発に行われる，ということもおそらく稀でしょう。もちろん，質問や意見が出ないのは，決してみなさんの理解がすでに十分で，疑問に思うことがまったくないからではありません。むしろ，何をどう話し合えばいいのかがわからなかったり，仮に質問や意見があっても，それが適切なものであるかどうかの自信がなかったり，他の誰かと意見が異なってしまった場合どうすればいいかわからなかったりすることなどが大きな理由なのです。

　私たちは，学校教育のなかで，意見の述べ方や質問の仕方をしっかり学び，身につけるという経験を十分に積まないまま社会に出て行ってしまいます。もちろん，小中高等学校での学級会，大学でのグループワークなど，形だけは話し合いの形式になっている活動を行った経験はあるでしょう。しかしそこでの「話し合い」は，たんなる言い合いにすぎないものであったり，実際に発言している人間が全体のごく一部でしかなかったり，それどころか，活発に発言が行われているように見えても，よく見ると発言者はいつも同じ「あの人」だったりするなど，私たちの意見や考えがしっかり反映されたものにはなっていないことが多いようです。また，話し合いが対立して感情的な言い合いになってしまったりすることも少なくありません。私たち一人ひとりの考えがしっかり表現され，吟味され，反映される話し合いを実現

する技術を，私たちは磨いてきたとはいえないのです。

ワーク1

「話し合い」がうまくいかなかった経験や苦手だと感じたことを振り返り，それがどんな経験なのか，なぜうまくいかなかったり苦手と感じたりしたのかを説明してみましょう。

こうした状況は，学校組織や，身近な些細なものにとどまるものではなく，私たちの社会のなかでさまざまなレベルや規模で生じています。たとえばネットの世界では，意見の対立が「炎上」と呼ばれる感情的な衝突に拡大するのは日常茶飯事です。あるいはテレビの討論番組では，相手の意見を聞き，受け入れるというよりは，むしろいかに自分の意見を相手に認めさせるか，という強硬な姿勢でヒートアップするパネリストたちの姿を見ることがめずらしくありません。国会で行われている議論も，利害や立場の異なる人々がお互いの利益を調整し合おうとするよりむしろ，自分たちの利益をいかに守り，相手の主張の不備や隙を突くか，という闘争に近い性格をもったものになってしまっています。

さまざまに異なる意見や立場を調整するのは，簡単なことではありません。本来，異なる意見や立場は社会の多様性の母体となる望ましいものであるはずですが，異なる意見や立場をうまく調整する「話し合い」の技術が未熟なままだと，意見や立場の違いがお互いの正当性を相手に認めさせる衝突へと拡大していく危険性があります。ましてや今は，さまざまなメディアを通じて個人が誰でも自分の意見を容易に発信できる時代です。それは言い換えれば，いたるところに衝突の火種がありうるということなのです。自分が発信した意見に対して，顔も見えない誰かが「それは違う！」とネット上で反論してくる可能性があるのですから。

そうなると，仮に意見や立場が違っても，あえて衝突のリスクを引き受け

てまで自分の意見を述べようとする人も少なくなってしまいます。結果として、「話し合い」の経験を積み、技術を磨く機会も減っていってしまうでしょう。結局のところ、私たちは「話し合い」をしようとして衝突するか、あるいは衝突を避けて「話し合い」に無関心になるか、の二択を迫られることになります。

3. 「話し合い」が難しいのは なぜだろうか？

　今日、「コミュニケーション能力」の重要性や必要性は繰り返し指摘されています。その背景にあるのは、高度な社会の情報化と複雑化です。

　まず、情報化について説明しましょう。情報技術の発達は、この社会に流れる情報の量と速度を急激に増加させました。その結果、私たちがお互いにもっている情報や知識は一人ひとり違ったバラバラなものになり、私たちの価値観や行動の選択肢を多様化させることになりました。私たちはもともと、自分にとって好ましい情報を収集したり、好ましい選択肢を選んだりする傾向があります。それでも情報や選択肢が少なければ、たとえ私たちの好みや考えがそれぞれ違っていても、結果としてとる行動や選択肢にさして違いは生じません。しかし、手にできる情報や選択肢が多くなれば多くなるほど、私たちが結果的に抱く価値観や知識の違いは際立っていきます。つまり、情報化の促進は、否応なく私たちの価値観の多様化も促進させていくのです。そう考えると、「多様化」はこれから先もさらに進むと考えるべきでしょう。

　次に、複雑化についてはどうでしょうか。社会の複雑化、とくに産業構造の複雑化は、私たちの仕事のやり方を大がかりに変化させました。個人（や

少人数) が1つの仕事を1から10までやり遂げる，という近代以前のスタイルが，複雑で巨大な仕事を多くの人間による分業によって効率的に遂行する，というスタイルへと変わったのです。その結果，いかに個人が高い能力をもっていても，それを組織のなかで発揮できるコミュニケーション能力がなければ，活躍は難しくなりつつあります。就職面接でグループ討論を課す企業が増えてきていることからも，その一端をうかがうことができるでしょう。

　このような，社会の高度な情報化と複雑化という変化の結果，今や私たちは，お互いがよりバラバラになりつつも，同時に，より緊密に連携し合わなければならない，という矛盾した状況に陥っています。もともと，コミュニケーション能力自体は，時代を問わず重要なものであるはずです。しかしそれが現代社会においてとくに必要だとされている背景にあるのは，このような社会の変化なのです。多少大げさな表現をするならば，「コミュニケーション能力」という紐帯 (結びつけるもの) こそが，現代社会を健全に維持していくためにさらに不可欠になっているのだといえるでしょう。

　しかし，にもかかわらずコミュニケーションの核となる「話し合い」について，私たちがかならずしも十分な技術を持ち合わせているわけではないこと，そして，その技術を磨くための経験を積んでいくことも難しいことは，これまで述べてきたとおりです。

　では，なぜ「話し合い」は難しいのでしょうか。じつは，「話し合い」の技術に関して私たちが抱えている厳しい現実は，この日本に限った話ではなく，むしろどの社会でもいえることです。というのも，「話し合い」はもともと，うまく行うには難しい要因をさまざまに含んでいて，ブレーキとして働いてしまうようなネガティブな心理的作用が生じやすいのです。こうしたネガティブな心理的作用が存在することを示す証拠として，社会心理学によるいくつかの実験が有名です。

　たとえばその1つは「社会的手抜き」(広田・増田・坂上2002) です。「集団で綱引きをする」という共同作業実験では，集団の人数が増えれば1人あたり

の作業量が減っていき，8人まで増えた時点で自分1人で行う場合の半分に満たない程度しか力を出さなくなる，ということが知られています。

　もう1つ，「傍観者効果」もよく知られています（カーネマン2014）。この実験では，ある人が瀕死の状態で助けを求めているように見せかけた状況をつくります。人はこういった状況に居合わせると，そこにいるのが自分1人であれば適切な行動をとること（＝助けを求めている瀕死の人を助けること）ができるのですが，周囲に別の誰かがいると，それによって「他の誰かが動くだろう」と考えてしまうため，予想以上に多くの人（1／3以上の人）はまともに動くことができない，ということがわかっています。

　これらの実験結果は，重要な教訓を示しています。それは，「社会的手抜き」であれ「傍観者効果」であれ，それらにとらわれるのは決して不親切で悪意のある一部の人々ではない，ということです。話し合いは，複数の人々が集まって行うものですが，人々が集まることによって生まれるネガティブな効果は，ごくまともで親切な普通の人々にも現れて大きな足かせとなります。ですから，もし討論番組や国会で見る「話し合い」のレベルが低かったとしても，それはパネリストたちや議員たちの人間性や品位に原因や責任を押しつけて簡単に片づけてしまうわけにはいかない事柄なのです。

ワーク2

　複数の人々が集まって話をするとき，どうすれば話し合いが機能するでしょうか。また，たとえば話す側と聞く側では，それぞれどんなスキルが求められるでしょうか。

---

4. 「話し合い」の技術を高める教育

　さまざまな足かせのなかで，よりよい「話し合い」を行うことは簡単ではありません。「話し合い」がもつ難しさは，個人の意識のもちようや気配りだけで克服できる類いのものではなく，むしろ体系的，組織的に技術を身につけ，磨いていけるような教育を必要とするものなのです。

　では，具体的にそのような教育は行われているのでしょうか。ここでは，そうした教育の例として，「シティズンシップ教育」と「こども哲学」という，2つの教育的な潮流について紹介します。

　まずは「シティズンシップ教育」について説明しましょう。「シティズンシップ」は，一般に「市民性」と訳されています。市民である，とは，たんに社会のなかでサービスの受け手として生きるだけでなく，社会に積極的に参加・貢献し，社会をつくりあげていく側の存在として，知識や意識をもって生きていくことを意味します。

　言葉を変えていえば，シティズンシップとは，国民主権の民主主義社会において，主権を適切に行使するための技術である，と表現することもできるでしょう。それは，この章の冒頭で述べた，「政治の知恵」とほとんど重なるものです。実際，シティズンシップにおいて重要な能力は，「言語を活用して批判的に考える力，分かりやすく説明する力，議論する力」とされています（広田2015）。

　シティズンシップ教育は，先進諸国を中心に広がりつつあります。日本では，たとえばボランティアを通じて地域社会に関わったり，模擬投票によって社会参加の仕組みを学んだりするなど，「関わる」ことを軸とした活動として，主に高校などで実践されています。そうした活動の狙いは，社会への参加意識を高めることにありますが，それに加えて「関わる」ために必要な「話し合い」の技術を洗練させることにもあります。たとえば地域社会と関

った活動であれば，地域の人々とコミュニケーションする技術を磨いたり，模擬投票であれば，選挙候補者に関する情報の吟味の仕方を身につけたり，といったかたちで，生徒たちは「政治の知恵」を磨いていくのです。

　もう1つ，「こども哲学」についても説明しましょう。「こども哲学」は日本で行われるようになったのが21世紀に入ってからのことですので，まだ少し耳慣れない用語かもしれません。しかしアメリカやヨーロッパをはじめとして，1980年代頃から世界各地で実践されるようになっています。

　「こども哲学」は，その名のとおり，子どもたちが行う哲学的な活動のことで，その中心は，主に小中高等学校の児童・生徒たちによる話し合いです。哲学的な対話，と聞くと抽象的で難しいものをイメージするかもしれませんが，特定の哲学者の学説を知識として学んだりするようなものではなく，予備知識もいりません。こども哲学では，たとえば「人生は誰にとっても平等なのか」，「友人と親友はどう違うのか」，「学校ではなぜ成績がつけられるのか」といった，あらかじめ正解が決まっておらず，しかも実験や観察によっては真偽を確かめることのできない問いをテーマに話し合いを行います。

　このようなテーマは，子どもたちがもつ知識の量によって議論が定まることがないので，「聞く」，「考える」，「問う」，「吟味する」，「説明する」といった「話し合い」の技術の骨格部分の優れたトレーニングになります。そして，こうしたテーマに関して，子どもたちがじつにしなやかに話し合いをする能力があることは，さまざまな報告から確認されています（河野2014）。

　こども哲学のポイントは，そこで行われる話し合いが，お互いの勝ち負けを決めるディベートや討論のようなものではなく，協力的な性格をもったものだ，ということにもあります。自説を通すことや，相手を論破することを目的とした話し合いでは，相手のミスの指摘，自分の主張の繰り返し，自分が有利に見えるような印象操作，などといった「話し合い」の骨格部分とは別の技術が優位に働き，知識や知恵を「武器」として用いた争いに近いものになりがちです。

一方，こども哲学は，参加者同士が協力的な話し合いを通じて，共通の目標（たとえば「問いへの答え」）をともに探求する存在へとお互いの関係性を育てていくこともその重要な狙いの1つになっています。自分がその一員であり，そこで合意されたことにはしっかり自分自身の意見も反映されている，と感じ取れるような関係性を築くことは，結果的には人々に，自分だけではなくそこに関わるみんなにとってよりよい判断や決断を行うことを促すような原動力となるでしょう。

ワーク3

①シチズンシップ教育やこども哲学に似た教育を，今までみなさんは経験しているかどうか振り返ってみましょう。

②実際に，現在の大学においてシチズンシップ教育やこども哲学に似た教育を経験しているでしょうか。交流してみましょう。

5.「政治の知恵」を贈ることはできるか

　シティズンシップ教育もこども哲学も，社会の情報化や複雑化，そして，民主主義の行き詰まりのなかで生まれています。そこには，いろいろな情報やモノや選択肢があるだけでは望ましい社会になるわけではないことが徐々に明らかになってきたという背景があります。大戦後の反省をふまえて広がっていった自由と民主主義は，たしかに私たちにさまざまな権利や安定をもたらしてくれました。しかしその定着にともなって，私たちはそこに安住し，結果的に重要な思考や判断を専門家に丸投げするようになったり，公共意識が低下し，自分たち自身の利益を最優先するようになったりしてしまい，社会全体のまとまりが失われる傾向が現れてきました。

こうした傾向は「ガバナンス（統治）の低下」といわれ，多くの先進諸国で同様に見られていることがわかっています。ガバナンスが低下すると，何がどこでどう決まるのか，の仕組みが曖昧になり，社会全体が徐々に制御不能になっていきます。そして，そうした社会は脆弱化し，とくに問題や危機への対応ができなくなっていきます。ですから，この症状に見舞われた社会にとっては，これをどう食い止め，克服するかが深刻な課題になるのです。

　シティズンシップ教育やこども哲学は，私たちが社会に参加し，話し合い，よりよい判断を行うための「政治の知恵」を育んでいくことで，こうした課題に地道に対処していこうという危機意識の表れだと位置づけることができます。そして，「政治の知恵」は資質があったり得意だったりする人だけが個人の責任でもてばよい，という個人レベルのスキルではなく，私たちが社会全体として育成していかなければならない社会的スキルです。言葉を換えれば，今問われているのは，プロメテウスが人間たちに贈りそびれた「政治の知恵」を，教育を通じて私たち自身が次世代の子どもたちに贈ることが果たしてできるかどうか，ということなのです。

参考文献
河野哲也『「こども哲学」で対話力と思考力を育てる』河出ブックス，2014年
カーネマン，ダニエル（村井章子訳）『ファスト＆スロー（上）あなたの意思はどのように決まるか？』早川書房，2014年
高田明典『ネットが社会を破壊する——悪意や格差の増幅，知識や良心の汚染，残されるのは劣化した社会』リーダーズノート出版，2013年
広田すみれ・増田真也・坂上貴之編著『心理学が描くリスクの社会——行動的意思決定入門』慶應義塾大学出版会，2002年
広田照幸監修・著，北海道高等学校教育経営研究会編著『高校生を主権者に育てる——シティズンシップ教育を核とした主権者教育』学事出版，2015年
プラトン（中澤務訳）『プロタゴラス』光文社文庫，2010年

（須長一幸）

第 III 部

教育・教育学の未来へ

第12章

世界とつながる教育

——ICTを活用した教育実践

　学校の授業風景といわれたら，先生が教室の前方にある黒板に板書をしていて，生徒たちがそれぞれ教科書を開いてノートをとっている光景が思い浮かぶでしょう。しかし今，明治維新以来150年近く続いてきた学校における教育のかたちは，大きく変わりつつあります。本章では，ICTやIoTの進展にともない，学校や教室に起きている変化や課題について見ていきます。

 キーワード　ICT，メディア情報リテラシー（MIL）

1. ICTとIoT

　ITとはInformation Technologyの略で，コンピュータやインターネットの技術のことをさしますが，近年はICTという言葉のほうを多く聞くようになりました。ICTはInformation and Communication Technologyの略で，情報を伝達してやりとりする情報伝達や情報通信の技術をさします。SNSなど，日々みなさんが利用しているのはICT技術です。それに加え，最近はIoTという言葉も見かけるようになりました。Internet of Things，ありとあらゆる「モノ」がインターネットとつながる技術です。たとえば家庭で

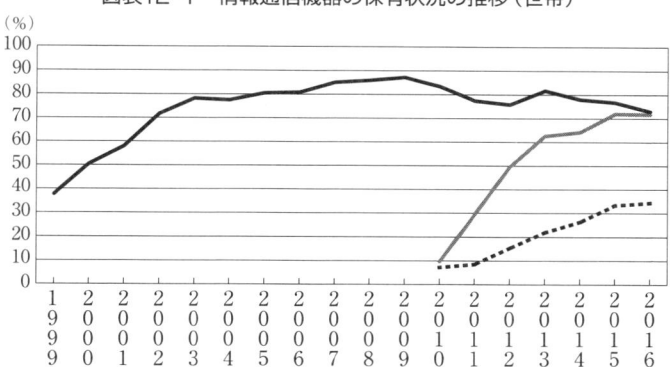
図表12-1　情報通信機器の保有状況の推移（世帯）

出所）総務省『平成28年通信利用動向調査報告書』。

は，テレビや冷蔵庫，洗濯機，湯沸かしポットといった家電がインターネットにつながり，企業は人々の利用の仕方に関する膨大なデータを集積することができます。企業はそのデータをAIなどを用いて分析し，商品開発やサービスにつなげています。そういった仕組みをもたらしているのがIoTです。

　2016年末時点のインターネットの人口普及率（「過去1年間にインターネットを利用したことがある」人の割合）は83.5％です（総務省『平成28年通信利用動向調査報告書』）。従来のパソコンに加え，スマホやタブレット型端末を保有する世帯も，ここ数年で急激に増加しました（図表12-1）。インターネットを使用しているという意識がさほど強くなくても，スマホやタブレットを通じて，全世界の人たちと情報通信を頻繁に行えるようになったのです。このようなICTやIoTといった技術の発展とインターネット利用の普遍化は，教育のあり方や人々のリテラシーのあり方に影響を与えています。以下では，事例に基づいて新技術によって変わる教育の世界と，それによって生じる課題について考えていきます。

2. ネパールとのビデオレター交流学習
──福島県須賀川市立白方小学校

　福島県の須賀川市にある白方小学校における実践を紹介します。須賀川市は，福島県のなかでも人口減少が進んでいる地域です。出生率は全国平均よりも高いのですが，リーマンショックと東日本大震災によって転出超過が続いています。白方小学校は農業地域にあり，オニヤンマが飛ぶ，豊かな自然に囲まれています。全校生徒は104名（2017年4月）で，1学年1クラスです。ユネスコスクール（ユネスコ憲章に示されたユネスコの理念を実現するため，平和や国際的な連携を推進する学校）の指定を受けています。

　白方小学校では，ビデオレターを用いてネパールの小学生と交流する教育実践を行っています。2015年度に福島ESDコンソーシアム（Education for Sustainable Developmentよりよい世界と地域のための教育を推進する福島県の自治体，企業，学校による共同事業体）に参加したことがきっかけですが，同年に起きたネパールの大地震（2015年4月25日発生，8000人以上の死者）を受け，ネパールの小学生と震災の記憶を分かち合うことを目的に，活動が行われるようになりました。2015年度の活動は，毎日映画社によって『届け！僕たちのエール』という記録映画にまとめられています。

　2017年度の活動を事例に，もう少し詳しく見てみましょう。ネパールとの交流活動を行った5年生は，iPadを用いて，自分たちの生活や遊びの様子を伝えるビデオレターを作成しました。子どもたちは，ふだんの学習のなかでも，東京の大学や外部講師の協力を受けて，パソコンを使った調べ学習やiPadを使った映像制作を行っています。ビデオレターは，それまで撮りためた映像や写真を編集して制作されました。完成したビデオレターは活動に協力する大学教員によってネパールの小学校に届けられ，ネパールからの返信ビデオレターを受け取りました。

映像制作を通して，子どもたちは情報を伝え合い，思いや考えを分かち合い，協力して作業を行うことの意義を実感しました。また，ビデオレター作成においては，伝えたいことを一方的にまとめるのではなく，相手の国のことを考えて発信することの重要性を学びました。そして，6年生での学習に向けて課題を発見し，学習意欲を高めています。

ちなみに，2017年度の6年生は，5年生のときのネパールとの交流学習をふまえ，アメリカの小学校とビデオレターによる交流を行いました。ドローンで学校の周辺を撮影したり，全編英語で作成したりするなど，新しい課題に取り組んでいます。

図表12-2　白方小学校でのビデオレター制作（2015年）

図表12-3　ネパールのチャンディカデビ小学校

図表12-4　ネパールからの返信ビデオレター上映会

ワーク1

　2節では，「子どもたちがいかにICTを使って学習をしているか」について説明をしてきました。ICTの活用をめぐっては，「教師がいかにICT機器を使って授業をするか」が説明される場合もあります。この2つの違いはなんだと思いますか。考えをまとめてください。

3. ICTによって変わる学校と教育

　須賀川市立白方小学校の事例をふまえて，ICT機器の導入が学校の教育のあり方をどのように変えているのかを考えます。黒板と教科書，ノートと鉛筆などの文具と違うICT機器の特徴は，①カスタマイズできること（拡大する，書き込む，消す，隠す，コピーするなど），②マルチメディアであること（動画や音なども組み合わせることができる），③時間や空間を超越できること（情報通信ネットワークを活用した遠隔交流，教室内での大型提示装置への転送など）にあるとされています（中川2017）。

　白方小学校の子どもたちは，ふだんからiPadやパソコンを使い，教科書や地図帳に加え，インターネット上にあるたくさんの情報を集めて，学習成果をまとめる活動を行っています。学習の成果は，ポスターやレポート，映像，プレゼンテーションなど，多様な方法で表現されています。インターネット上の写真や資料を集めてきて共有したり，それをプレゼンテーションの資料のなかに，いかにわかりやすく配置するかを考えたりするなどの活動には，ICT機器の①と②の特徴がよく表れています。活字に依存するこれまでの学習方略（学習効果を高めるための意識的な工夫）に比べると，子どもが多様な力を発揮する機会が増えたといえるでしょう。

　多様な力という観点では，町の人たちへのインタビュー場面で，いきいきしたリアクションを示したり，いい質問をしたりする力や，iPadを用いた映像制作過程で，撮影アングルを工夫したり，編集センスを発揮したりする力も，従来の学習方略ではあまり発揮できなかった力だといえます。また，従来の学校のなかでは，適切な答えや方法を最もよく知っている人は先生だという暗黙の了解がありましたが，インターネットやICT機器の運用に関する力やそこから得られる情報の量を考えれば，その暗黙の了解は成立しなくなっているのかもしれません。知識をもっている人＝先生が，知識をもって

いない人＝生徒に教えるという，従来の教師－生徒関係が揺らいでいるともいえるでしょう。

　もう1つの大きな変化は③に関する事柄です。地方都市の農業地域や山間地にある小規模校は，ともすれば地域に社会・経済・文化的資源が少なく，経験の多様性に欠けるというイメージをもたれがちでした。また，都市部の私立の学校に通える程度に経済的に豊かでなければ，国際交流や充実したキャリア教育などを享受することが難しいという思いこみは，子育て世代の一部に根強くあります。

　しかし，白方小学校の事例を見ればわかるように，ICT機器の発達により，日本のどこにいても，日本中，世界中の人たちと交流することが可能になりました。学校へのパソコンの配置，各家庭でのスマートフォンやタブレット端末の普及は，こういった活動に課せられた経済的な負担を軽減しました。ICT機器の導入は，従来の地域的な不利益を，完全にではないにしても，ある程度解消する効果があったのです。白方小学校を見れば，人の流出入が少ない農業地域の，1学年の生徒数が少ない小規模校であることこそが，ICT機器を活用し，地域と密に連携して活動する教育実践が成功している主たる要因といえます。

4. 拡がる教育の空間

　ICTの発達は，学校という場所の性格にも大きな影響を与えはじめています。従来の学校では，教室に行くことが授業を受けるための必須条件でした。そこにいないと教育が成立しなかったからです。予備校などではビデオを利用した講義がありますが，特定の場に行かないと学習が成立しないことには変わりはありません。そんな時代がICTとIoTの発達により終わりつ

つあります。

　現在は，無料ビデオ通話アプリやSNSを活用すれば，その場にいない人たちとも双方向のコミュニケーションが可能です。eラーニングと呼ばれる新しい教育サービスの仕組みが整い，世界中のどこにいても，好きなタイミングで学習できる環境が整ってきているのです。言い換えれば，優れた教師や教育内容，よい仲間集団を求めて学校を選んでいた時代には，教育や学習はある意味で学校という場と切っても切れない関係にありました。しかし，これからは学校という場にとらわれずに，教育や学習を考えることができるようになる可能性がひらけているのです。

　この変化が大きな意味をもつのは，たとえば不登校の児童・生徒への対応においてです。家庭の経済状況や生活習慣の乱れ，人間関係の難しさなど，さまざまな理由で学校に来られない子どもの割合は，近年増加しています。そういった子どもたちが一番つらいのは，学校に行けないことによって，授業に出席できず，現代社会で生きていくのに必要な知識や技術，（学歴を含む）資格を身につけられないことです。学校に行かないと学習できない仕組みが，そうさせていたといえます。

　しかし，2016年の教育機会確保法（義務教育の段階における普通教育に相当する教育の機会の確保等に関する法律，2016年12月14日）によって，事態は少しずつ変化してきています。この法律は子どもを無理やり学校に戻すのではなく，多様な選択のなかで，より教育環境に適応できる仕組みを構築することを求めています。第13条では，「国及び地方公共団体は，不登校児童生徒が学校以外の場において行う多様で適切な学習活動の重要性に鑑み，個々の不登校児童生徒の休養の必要性を踏まえ，当該不登校児童生徒の状況に応じた学習活動が行われることとなるよう，当該不登校児童生徒及びその保護者に対する必要な情報の提供，助言その他の支援を行うために必要な措置を講ずるものとする」と述べられています。そのための方法の1つにICT機器の活用が間違いなくあげられるでしょう。ICTとIoTの発達が教育や学習を行う空間

を拡大しているのです。

5. 新しい教育の課題

　ICTやIoT技術の発達が，個人をとりまく教育の環境や学習方略にどのような影響を与えるか，考えてきました。これらの技術が私たちの学習や知のあり方にどのような影響を与えるのか，その厳密な検証はまだこれからです。以下では，現時点で指摘されている2つの教育課題について説明します。

メディア情報リテラシー（MIL）教育

　私たちは生活するうえで，新聞，雑誌記事，テレビ，インターネットなど，大量のメディアの情報に接しています。とりわけ，ICT機器の発達により，誰もが容易に世界中とメッセージを送受信できるようになりました。それらのメッセージを評価し，正しく識別する力が必要です。この力をメディア情報リテラシー（Media and Information Literacy）といい，その力を養う教育をメディア情報リテラシー（MIL）教育といいます（坂本2014）。

　メディアの発信するメッセージには，情報の正しさや根拠が明らかでないもの，発信者や目的が不明なものが多く存在しています。2016年の熊本地震では，SNSで拡散されたデマが人々の不安を必要以上に煽り，社会問題化しました。また，同じ2016年のイギリスのEU離脱をめぐる国民投票の際には，イギリスが課されているEUの負担金に関するフェイクニュースが，結果に大きな影響を与えたとされています。メッセージに含まれる情報の真偽を正しく読み解く力を情報リテラシーといいます。

　一方，メディアリテラシーは，メディアの発するメッセージを正しく読み

（かんき出版, 2018年）　（SBクリエイティブ, 2012年）

（池田書店, 2017年）　（新星出版社, 2014年）

ワーク2

　左の写真は，書店が取り扱っている統計学のテキスト4冊の表紙をランダムに並べたものです。

　①それぞれのテキストの表紙には，どのような違いがありますか。あなたの観察を書きとめてください。

　②最も読んでみたいと思ったテキストはどれですか。なぜそう思いましたか。あなたの意見を書きとめてください。

　③①②について，グループの人たちと意見交換しましょう。あなたと違う見方をする人がいるでしょうか。なぜそういった違いが出てくるのかを考えてください。

解く力のことをいいます。たとえば，ある事件についてメディア上にさまざまな情報が発信された場合，それぞれの真偽を見極める力は情報リテラシー，それぞれの記事の書き方や報じ方によってどのような立場の人がどのように解釈するのか考える力はメディアリテラシーになります。メディアの発信するメッセージは必ずしも価値中立的でなく，メッセージの送り手，受け手の社会的文脈によって，内容や解釈が多様に変化するものであると理解することが求められるのです。社会的文脈の代表例には，ジェンダーや人種，民族などがあります。

　ワーク2を例に，もう少し詳しく説明しましょう。ここでは，統計学を学

ぶという目的は共通していますが，表紙のデザインはまったく異なる統計学のテキスト4冊があげられています。あなたは，統計学の知識を手に入れることを「武器」という言葉でうまく表現している，薄着の女性のポーズや笑顔が親しみやすいなどと，好意をもって観察したかもしれません。しかし，グループの人たちと意見交換すると，知識を「武器」と表現することに違和感があったり，下着のような服装の女性が描かれていることを不快に感じたりする人がいて，受けとめ方の違いに驚くでしょう。より多くの人に手に取ってもらえるよう，工夫をこらして作成した表紙デザインですが，このように，受け手の社会的文脈によっては，つくり手の意図とは異なって受け取られる可能性があることを理解する力がMILです。ワークのまとめとして，最も多くの人に違和感なく受けとめられるためには，どういう配慮が必要か，議論してみるとより理解が深まるでしょう。

　MIL教育の課題といえば，日本ではもっぱら映像制作に関わるスキルや知識，SNSでのふるまい方，ネットいじめ対策などが取り上げられています。しかし，MIL教育の課題はそれだけではなく，全世界的に発生しているフェイクニュースやヘイトスピーチに対抗することを考えれば，送受信される情報のすべてを，グローバルな文脈で吟味することが必要になるのです。これからの学校は，活字の読み書きを含むあらゆるメディア一般の活用スキルだけでなく，情報を発信者の意図や目的を含めて批判的に読み解く力，多くの情報を識別し，自分にとっての意味を構築していく力といった，新しい能力＝リテラシーを育むことが求められています。

グローバルな教育課題に対応する

　ICT機器の活用によって教室や学校という狭い枠に縛られなくなった教育は，グローバルな教育課題に子どもたちが直接向き合う事態をもたらしています。白方小学校の実践では，ネパールの子どもたちが作成した動画を見

て，「あの子どもたちの着ている服はどうしてあんなにボロボロなの？」という疑問を抱いた生徒がいました。また，交流活動を終えて，「最初は外国の人たちに自分たちのことが伝わるかなと思ったけど，外国の人たちと自分たちには思ったより違いがなかった」という感想をもった生徒がいました。活動当初は互いの違いにばかり意識がいっていたけれども，交流後は同じ点に目が向くようになったのです。

　現行の学習指導要領では，小学校で絶対的貧困や不平等，人種や民族による差別や偏見の問題を扱うことはありません。白方小学校の実践では，教師が意図しなかった地域間格差への気づきや，問題を解決するための活動を模索する姿勢が子どもたちの間に見られることも報告されています。ICT機器を活用した教育活動の結果，学習指導要領の範囲を越えて，子どもたちが現実に向き合い，問題を発見し，解決を志向する状況が生じたといえます。平和教育，差別との戦い，ESD (Education for Sustainable Development よりよい世界と地域のための教育)，シティズンシップなど，既存の学校教育が想定している範囲を越えたグローバルな教育課題に向き合う姿勢が，学校や教師に求められています。

参考文献
坂本旬『メディア情報教育学——異文化対話のリテラシー』法政大学出版局，2014年
中川一史「ICT教育環境とメディア・リテラシー」中橋雄編著『メディア・リテラシー教育——ソーシャルメディア時代の実践と学び』北樹出版，2017年

（寺崎里水）

第13章

地域と学校の連携

——中山間地域の高校魅力化と地域人材育成

　近年，社会の変化に応じて地域と高校の関係が変わりつつあります。高校が新しいかたちで地域とつながりを深める方向へと改革が進んでいるのです。本章では，島根県の中山間地域で始まった高校魅力化・活性化事業（以降，高校魅力化）という取り組みを通して，高校の役割と地域人材育成について考えます。

 **キーワード**　地域と学校，高校魅力化，地域人材育成

1.「だんだんカンパニー」のこと

　島根県の中山間地域にある島根県立横田高校という普通科高校の取り組みを紹介します。横田高校は島根県の東南端，鳥取県と広島県に接する奥出雲町にあります。奥出雲町はスサノオノミコトが降臨したと伝えられる出雲神話発祥の地で，古事記や日本書紀にも記された「たたら製鉄」で栄えた歴史と文化のある町です。町の9割は森林と田畑で，1985年の国勢調査では人口は1万8700人ほどでしたが，2015年の国勢調査ではおよそ1万3000人に減少しています。横田高校は1919年に創立された伝統校で，全校生徒数が600

名を超えた時期もありましたが，全国的な人口減少のなかで，現在は261名（2018年6月）にとどまっています。

人口と生徒数の減少に危機感を覚えた町と学校は高校魅力化に取り組み，2010年に"高校生の力で奥出雲町を元気にする"を企業理念とした「だんだんカンパニー」という仮想会社を，産官学連携による地域活性化研究事業として立ち上げました。「だんだんカンパニー」は，原材料の生産，加工，販売までのすべてを高校生が行います。組織的な経営活動の模擬体

図表13-1　春の田植え

図表13-2　秋のはで干し

験を通して社会や会社の仕組みを学び，東京研修での販売実習やプレゼンテーションを通してコミュニケーション力を身につけることが期待されています。

活動に取り組むのは2年生で，2015年度からは，ブルーベリージャムづくりに加え，はで干し仁多米づくりに挑戦しています。仁多米は島根県仁多郡奥出雲町で生産されるコシヒカリのブランド米で，「はで干し」とは，稲刈り後に「はで」と呼ばれる木組みに稲のまま吊るし，天日干しで乾燥させることをいいます。はで干しすることででんぷんが凝縮され，いっそう味が美味しくなるのですが，手間と時間がかかるので最近は機械干しが普通です。高校生たちは，毎年5月に地域の人と一緒に田植えを行い，9月に稲刈り，はで干しを行って，地域の伝統的な米づくりを学んでいるのです。彼らは地元の志のある大人と一緒に活動することで，地域の文化や産業について知り，

地域への思いと地域課題について学び，地域活性化に取り組んでいるのです。「だんだん」とは地元の言葉で「ありがとう」を意味します。

　「だんだんカンパニー」の事例以外にも，高校生が地域の活性化を推進する人と交流しながら何かに取り組むというニュースは近年増えています。その背景には学校と地域の関係の変化があります。

2. 教育拡大と教育独占

　長い歴史を振り返ると，子どものしつけや畑仕事などの労働のしつけを含めた教育は，必ずしも学校の役割ではありませんでした。明治の近代化開始の時点では地域社会が教育の大きな部分を担っていました。子どもは地域の生活のなかで，さまざまな集団や行事を通して教育されていたのです。学校制度が充実し，産業構造が変化するなかで，学校の役割が次第に大きくなり，地域の果たしてきた教育機能は次第に薄れていきました（学校による教育独占）。

　高校教育について，戦後の教育拡大と学校による教育独占の背景を考えてみましょう。背景には生活水準の向上と大衆教育社会の到来によって学校教育の重要性が高まったことがあります。都市を中心に第1次産業（農林水産業）から第2次（工業），第3次産業（金融・サービス業）へと産業構造が変化し，多くの高度な労働力が必要とされるようになりました。加えて，都市と農村の経済発展の格差と，それにともなう生活水準の格差は，都市に出たいという農村の若者のモチベーションをかきたてるものでした。地方に暮らす人々が生活水準の向上や学歴の獲得をめざしたことに，地方の高校は積極的に応えようとしました。地方で育った若者が都市で働くためには，その地域独自の教育を行うのではなく，近代的かつ全国基準の高校教育がカギとなりまし

た。戦後の中山間地域の高校には，地域の産業を反映するかたちで，農業科，畜産科などの実業科目のコースがおかれていました。しかし，次第に都市に進学・就職するための普通科が増えていったのです。横田高校も1919年の設立当初は農学校でした。戦後，学制改革のなかで農業科，畜産科に加え，初めて普通科1学級をおきました。そして，1960年代に完全に普通科の高校になったのです。

1950年代，60年代に全国的に高校進学率が上昇していきますが，それは地元の地域を離れ，都市の大学や大企業に行く若者の増加と連動して起こっていました。そして，このことは，都市と地方郡部の両者が満足する取引でもあったのです。地方は都市に労働力を提供し，代わりに都市で生み出された富が税として地方に再配分（補助金・交付金の分配）されました。地方郡部の高校は，労働力を都市部に提供するための装置（仕組み）として重要な役割を果たしてきましたが，ただ一方的に人を送り出したのではなく，互いにメリットのある取引関係を構築してきたといえます。

3. 高校と地方自治体の存続の危機

教育の拡大と高学歴化のなかで，地方の高校は，都市部へと子どもを送り出す役割を果たしてきました。地方の高校の先生に，「学校ががんばればがんばるほど，優秀な子から順番に地元を離れていく」と嘆かせるほどだったのです。子どもが増えているときにはそれでも地方の人口は減りませんでしたが，少子化の時代に入り，高校教育が地域の衰退と大きな関係をもつようになってきました。高校が都市への進学，就職を促進すると町の人口が減少することになるからです。

これまで，人口減少の目立つ地域を中心に，行政の効率化を図るという理

図表13-3　市町村数の推移

	1995.4	1999.4	2002.4	2004.5	2005.4	2006.3	2010.4	2014.4
市	663	671	675	695	739	777	786	790
町	1,994	1,990	1,981	1,872	1,317	846	757	745
村	577	568	562	533	339	198	184	183
計	3,234	3,229	3,218	3,100	2,395	1,821	1,727	1,718

出所）総務省『市町村合併資料集』「市町村数の変遷と明治・昭和の大合併の特徴」。

図表13-4　公立学校数の推移

	1990	1995	200	2005	2010	2011	2012	2013	2014	2015
小学校	24,586	24,302	23,861	22,856	21,713	21,431	21,166	20,836	20,558	20,302
中学校	10,588	10,551	10,453	10,238	9,982	9,915	9,860	9,784	9,707	9,637
高 校	4,177	4,164	4,145	4,082	3,780	3,724	3,688	3,646	3,628	3,604

出所）文部科学省『文部科学統計要覧』平成28年版。

由で，何度も市町村合併が進められてきました。その結果，市町村数は1995年の3234から2014年までの間に1718まで減っています（図表13-3）。自治体の合併は地域社会の存続にとって大きな影響を生じさせますが，とくに中山間地域では深刻です。中山間地域は地理的に隔絶されている（奥地性が高い）ことが多く，平野部とは異なる独自の文化や人間関係，地場産業を発展させてきました。地域の中核都市の自治体と合併を行うことは，そういったコミュニティの基盤を傷つけ，文化や人間関係の衰退，地場産業の消滅といった大きな問題を生じさせることになりました。

　また，人口が減少することにより，高校に人が集まらず，統廃合の対象となる事態も起きはじめました。1990年に4177校あった公立高校の数は，2015年には3604校と約1割減少しています（図表13-4）。100年以上の歴史をもつ高校も容赦なく統廃合の対象となりました。

　さらに，中山間地域の高校の廃校は地域の衰退と強くリンクしています。高校が廃校になっても，都市部なら近隣の別の高校に通うことができるでしょう。しかし，町村内に1校しか高校がない中山間地域では，廃校は深刻な

意味をもちます。長い間地域に愛された学校がなくなるという精神的な喪失感以上の問題が生じるのです。たいていの中山間地域では交通の便が悪く，自宅から通える範囲に別の高校はありません。その結果，地元の高校を失った中山間地域の生徒は，実家を離れて都市の高校に進学し，寮生活を送ることになります。その費用は馬鹿になりません。子どもの高校進学を機に，家族全員が都市に引っ越す場合も多々見られます。地域に住んでいた高校関係者とその家族が流出する，学校用品などを扱っていた店がなくなるなど，地域の産業にも影響を与えます。文化的側面でも，イベントや祭りなどの地域の行事の支え手を失うことになります。さらに，高校がない町への移住は，子育て世代のU＆Iターン者が敬遠する傾向にあり，定住促進政策に大きな影響を与えます。中山間地域の高校は「だんだんカンパニー」のような取り組みを行う地域活性化の最前線であり，地域存続の側面では生命線ともいえます。

　横田高校のある島根県は，こうした問題にいち早く気づき，高校の教育改革に取り組んだ県です。島根県は，日本のなかで少子高齢化が最も進んだ県の1つです（2017年度高齢化率33.1%，全国2位。総務省統計局2017）。また，中山間地域の割合を見れば，日本全体では約7割であるのに対し，島根県は9割以上を占め，そこに県の人口の6割以上が住んでいます。みなさんが知っている「過疎」という言葉は，島根県の中山間地域発祥の言葉でもあります。島根県は日本の中山間地域における少子高齢化問題・過疎化問題の先行地域として位置づけられ，同時に，それらに関連する社会問題の取り組みの先進事例として注目されています。

4. 高校魅力化のカギ

　では，その島根県で取り組まれた高校魅力化について見ていきましょう。日本は長い間，地方から都市へと人を送り，成長と拡大を続けてきました。もし，島根の高校が成長と拡大の継続を盲信して，大都市を「先進地域」と思いつづけていたら，自分たちが社会問題の最先端にいることには気づかなかったでしょう。まさに，「振り向かなければ最後尾，振り向けば最先端」（樋田・樋田2018, 21頁）だったのです。自分たちこそ「先進地域」だと気づいた地域と高校は，高校教育の役割や方法について意識を変えました。高校魅力化事業は図表13-5のような条件で行われています。対象となった高校は，高校としての魅力を高めるために，①学力強化，②部活振興，そして③地域と連携し地域の特色を活かした教育に取り組みました。その際，高校魅力化がめざすのは，これまでのように都市部で活躍する人材育成をゴールとするのではなく，将来Uターンして地元を活性化させる地域人材を育成することです。そのためには，試験学力の向上のみを目的とした受験指導を超え，地域との連携を深め，地域の特色を活かした教育が行われる必要があります。そこには2つのカギがありました。

図表13-5　島根県の「離島・中山間地域の高校魅力化・活性化の事業の概要」

事業の趣旨	島・中山間地域の高校において，高校と町村が連携して実施する高校魅力化・活性化の取り組みを支援する。
事業の概要	地域に支えられ，地域内外から生徒が集まる魅力と活力のある高校づくりを目指す。
事業費を助成する対象	①高校，町村関係者等で構成される組織の高校魅力化・活性化計画に基づく取り組み。 ②（魅力化・活性化の推進支援として）魅力化・活性化情報交換会・研修会の開催（年二回開催） ③県外生募集に係る説明会等の開催，取り組みへの指導・助言。
採択要件	①体制整備，②地域の特色を活かした教育を支える条件の整備，③統廃合回避のための県外生受入体制の整備（町による寮の建設，「保護者」である島親や町親への協力など）
統廃合	生徒数の減少が一定の基準に達した場合，統廃合の対象となる。

出所）樋田・樋田（2018），78頁。

地域連携のカギ①　地域課題解決型学習

　高校魅力化の指定を受けた高校では，地域課題解決型学習（Community Problem Based Learning），すなわち地域の課題を解決しながら地域人材としての主体性を身につける学習を取り入れました。空き家問題や定住促進，地域産業の後継者不足，地域の行事存続など，過疎化のなかで地域はたくさんの課題を抱えています。高校生はこうした課題に取り組み，地域の活性について大人とともに考え，学ぶなかで，主体性を身につけることが期待されています。

　全国的に見ると学力観はもっと前から変わりつつありました。1990年代から，従来の詰め込み型の学習に代わる，主体的で探求的でクリエィティブな学習の重要性が議論されていたからです。しかし，地方の多くの公立高校では，都市部でゆとり教育の重要性が議論されたときにも，試験対応の詰め

込み型の学力が重視されました。都市部以上に共通一次試験やセンター試験対策に力を入れた時代もあったのです。それが魅力化事業のなかで大きく変化しました。島根県では，地域課題解決型学習という形式で，地域人材育成につながるものとして実現されつつあります。

地域連携のカギ②　魅力化コーディネーター

　学校が地域課題解決型学習というかたちで地域とつながるためには，そうした新しい教育の担い手が必要です。高校教育の変化に対応するためには，教師のみに頼るには限界があるからです。そこで，学校外のさまざまな資源を利活用するために，魅力化コーディネーター（地域教育コーディネーター）制度を取り入れました。

　コーディネーターの役割は橋渡しです。地元の住民はこれまでも地域の高校に協力したいと考えていましたが，その方法がわからないということが多くありました。また，行政も県立高校に対してどのように援助すればよいのかわかりませんでした。そうした，学校と学校に協力できる外部の資源の橋渡しの役割をするのがコーディネーターです。コーディネーターがいることで，学校は地域の資源を教育に利活用できます。コーディネーターには教員以外のさまざまな人材がなり，それぞれ学校と地域をつなぐ得意分野をもっています。

5. 地域と学校の新しい関係

　魅力化の取り組みは，学校やキャリアに対する人々の考え方の変化とも，うまくマッチしています。

小規模校のメリット

　高校魅力化の対象になる高校は，たいていが中山間地域の小規模校です。小規模校には多くのデメリットが指摘されてきました。小規模校では，クラスメイトは幼少期からずっと顔見知りで，高校デビューといった新たな人間関係のなかで新しい自分を試す経験が不足します。また，多様な人間関係を得にくく，切磋琢磨して受験勉強のために競争する雰囲気も少なくなりがちです。財政上の効率の問題として，小規模校を維持するよりは大規模校に集中して資本を投下したほうがよいという考え方もあります。

　しかし，学校で行事やイベント，地域と連携した教育改革を行うときには，小規模校の機動性の高さがメリットになります。また，大規模校では効率が優先されて指導が画一的であったりすることもありますが，生徒一人ひとりに目を行き届かせることができ，少人数のため，教師−生徒間でも生徒−生徒間でも，お互いの顔を見ることができます。近年ではそうした小規模校の特徴を知って，都市の高校では自分らしさを探せない生徒が入学することもあります。高校魅力化のなかでは他県や他の地域から入学する生徒もいるため，学校でも，寮生活でも，地域でも，一人ひとりの個性が尊重され，それぞれにとって心地よい居場所になるように配慮されています。

地域移動とキャリア形成と価値観の変化

　中山間地域の高校生が，卒業後に進学や就職のために都市部へと流出する傾向に変化はありません。地元の地域には進学先や若者が好む仕事がないためです。しかし，都会へ行くことに対する無条件のあこがれが，昔と比べて弱まっているのもたしかです。地域の開発が進み，道路や水道，電気，コンビニやスーパーといった，いわゆる都市インフラの面での格差が縮小しました。また，インターネットの発達や，中山間地域を横断する幹線道路の整備

といった通信や交通の発達は，都市部との情報格差も縮小させました。中山間地域でも情報は手に入るし，都市部に遊びに行くことも比較的容易になりました。そういったことが関わっているのかもしれません。

　さらに，高校生の望んでいるキャリアにも変化が生じつつあります。成長と発展の時代には，高校生は都会に出てバリバリ働きたいという地位達成志向がありました。しかし，低成長の時代に入った現代では，高校生の望む生き方に変化が生じています。不安定さや上昇可能性よりも，ほどほどに働けて安定していることを求めるようになりました。余暇活動も重視するようになりました。地域での暮らしを大切にする傾向も強まりつつあります。近年，都市部の若者が，ブラック企業や長時間労働といった過酷な労働環境に追いやられていることが知られるようになってきたことも影響しているかもしれません。

　こうしたなかで，地方郡部では，地元地域を出ても将来地元に帰ることができるようにする教育が求められつつあります。Uターンを促進する教育とはいったいどういった内容であるべきか，地元を離れた高校生が将来戻ってきやすい地域づくりとはどうあるべきかについての議論が進んでいます。

　加えて，かつての高校が中山間地域で育った人々を夢や希望を抱かせて都会へ送り出していたように，都会に育った人が中山間地域での生活に新しい可能性を見出せるようにする教育も大切です。なぜなら，地方はこれまで，都市部に暮らす人々の生活を支える労働力だけでなく，食糧やエネルギー（原子力発電所や火力発電所などの所在地を調べてみてください）を供給してきたからです。その地方が衰退してしまえば，遅かれ早かれ，都市もまた衰退の途をたどらざるをえません。地方と都市もまた，社会の変化のなかで，新しい関係を結び直す必要が高まっています。

地域と学校の新しい関係

　現在，島根県の成功をもとに，高校魅力化の取り組みは北海道から沖縄まで，全国的な広がりを見せています。また，高校魅力化とは少し名前を変えて，地域と高校の結びつきを強め，そこでしか学べないことを大切にしようとする取り組みは増えてきています。たとえば大分県教育委員会は，地域の高校活性化支援事業と名前をつけ，高校の魅力化，特色化を推進しています（2017年度で16校採択）。高校魅力化は，地域に埋もれたり忘れられたりしているさまざまな地域資源を利活用し，高校教育を魅力的にする可能性を秘めた取り組みです。学校教育と地域は，社会の変化のなかで新しい関係を結びつつあるといえるでしょう。そのとき，学校はどういう役割を果たせばいいのか，どういう教育が必要なのか，その議論はまだ始まったばかりです。

ワーク2

①あなたは高校魅力化の方法と仕組みの効果についてどのように思いますか。
②身近な地域の現状と高校の現状を調べてみましょう。

参考文献
樋田大二郎・樋田有一郎『人口減少社会と高校魅力化プロジェクト——地域人材育成の教育社会学』明石書店，2018年

（樋田有一郎・寺崎里水）

第14章

変わる男女の
キャリアデザイン

　人生100年の時代がくるといわれています。長い人生のどの場面でも，い
きいきと充実して過ごすために，キャリアについて進路／職業選択とは違っ
た観点からも考える必要が出てきました。本章では，今後，自分自身がどう
生きるのかについて，どんな仕事をして生きるのかも含めて考えるための言
葉としてアイデンティティという概念を使って考えます。

 キーワード　アイデンティティ，モラトリアム，人生100年

1. アイデンティティについて考える

　モラトリアムという概念があります。心理学者のエリクソン（Erikson, H.
E.）が青年期の発達課題について整理したときに心理学に導入したもので，
アイデンティティのさまざまな構成要因を統合するために必要な猶予期間の
ことをいいます。自分が自分以外の何者でもないという一貫性，不変性，唯
一性をもった実感，確信をアイデンティティといいますが，アイデンティテ
ィにとって重要なのは，その確信がまわりの人からも認められている実感を
ともなうというところです。したがって人は，成長の過程で，自分がこうあ

りたいと思う状態と，周囲から期待される役割，将来の義務，憧れの職業など，複数の異なる期待や役割，義務，願望などのなかで悩み，葛藤することになります。そして，現実と希望とのすり合わせと選択を繰り返し，自分が何者であり，社会のなかで大人として何を引き受け，何をしないのかといったことを決めていきます。何者かを決めるために，明確な役割をすぐに選ぶのではなく，あれこれ試す期間がモラトリアムで，中学校にあがった頃から始まり，20代前半まで続く青年期から成人期への移行過程において，重要な時期と考えられています。

　現在の日本では，学校を卒業して働きはじめ，とっくに成人したとみなされる年齢になってもなお，親からの経済的な支援を受けつづけたり，社会の仕組みや動きにまったく関心をもたず投票に行かなかったりする人たちがいます。こういった人々に対して，モラトリアムという言葉を批判的に使う場合があります。いつまでも大人としての義務を引き受けず，子どものままでいようとしているというのです。見てきたように，モラトリアムは本来，発達のある段階をさしていた概念ですが，このように，（主に若者の）ライフスタイルを示す場合もあります。彼らは社会のなかにいつまでも居場所をみつけられない，みつけようとしないまま，アイデンティティを確立することを先延ばしにしているようにも見えます。

　一方で，モラトリアムをほとんど経験せず，アイデンティティを早くから決めてしまう人たちもいます。たとえば，小学校卒業などのとても早い段階で，将来はプロスポーツ選手になると決め，私立中学校に推薦で進学し，そのまま高校，大学と進学するような人たちです。長すぎるモラトリアムを過ごす人々がなかなかアイデンティティを決められない人たちだとすれば，この人たちは早くから決めすぎた人たちといえるでしょう。

　早くからアイデンティティを決めてしまい，ほかの期待や役割に関する経験がほとんどないことには問題があります。プロスポーツ選手になりたい人のうち，実際になれる人はごくわずかです。もしそうなれなかったら，プロ

スポーツ選手として生きる自分というアイデンティティはもろくも崩れてしまうことになります。ただたんにその仕事に就けないというだけではありません。プロスポーツ選手になるという目的に関係のない価値観，役割，期待などをほとんど経験してこなかったために，次の社会のなかでの居場所をみつけることが難しくなってしまうのです。また，プロスポーツ選手になれたとしても，そのキャリアのピークは20代後半で，40代になっても活躍できる人はほとんどいません。100歳まで生きる時代に，人生の後半3分の2を何者として過ごすのかを考えていないという意味では，彼らも同じリスクを抱えた存在といえます。

アイデンティティを形づくるときに重要なのは，社会のことを何もわからないうちに1つに決めてしまうことではなくて，経験を重ね，社会関係が広がるなかでさまざまな役割を知り，与えられる義務や寄せられる期待のなかで葛藤し，いろんな可能性を探るモラトリアムをきちんと経験することです。ときには悩んだり，苦しんだりしながら，多面的で多元的な自分自身を認め，大人としてどういう責任と義務を引き受けていくのかを考えていくことです。

次では，アイデンティティについて考えるときに，どうしても強く影響を受けてしまう性別に基づいて，キャリアについての考え方の特徴と問題点を見ていきます。

ワーク1

どのような仕事をして生きていくのかを決めることは，大人として社会のなかでどういう役割と責任，義務を引き受けるのかを考えることでもあり，人生の重要なポイントです。その際には，自分の夢ややりたいことだけを実現しようとするのではなく，①ライス・ワーク（どうやって生計をたてていくのか），②ライク・ワーク（どんな仕事が好きか），③ライフ・ワーク（社会にどう貢献していくのか）を考える必要があります。実際にこの3つの観点から考えてみましょう。

2. 女性のキャリアをめぐる問題

　女性がキャリアについて考えるとき，結婚と出産というイベントは大きな問題になります。どんな仕事に就くかということよりも，フルタイムで働きつづけるかどうかを考える人のほうが多いかもしれません。図表14-1は，労働力率（15歳以上人口に対する労働力人口［就業者＋完全失業者］の割合）の推移を示したものです。1970年の女性を見ると25〜29歳でいったん落ち込み，その後，緩やかに少し上昇しています。結婚・出産期にあたる年代にいったん低下し，育児が落ち着いた時期に再び上昇するこの現象はM字カーブと呼ばれています。

　第二次世界大戦後から1980年代半ばまでに，専業主婦への扶養手当が組み込まれた賃金体系や，正社員で勤続年数を重ねることを前提とする企業福祉による社会保険制度など，さまざまな男性優位の社会編成が構築されました。女性は家庭内で無償労働をする「主婦」と位置づけられ，そのことが現在にいたるまで，女性の雇用労働の継続に対してネガティブに作用しています（木本・大森・室住編著2010）。こういう現状を学校時代に学び，また専業主婦の母親が実際にいるので，私たちは女性には働かないキャリアもあるということを知っています。

　ところが，2017年の女性ではM字カーブがほとんど観察できなくなっています。女性が職業に就き，その仕事を通して評価されることは女性の当然の権利であり，また，個人の自己実現という観点からも重要なことだという認識が広まり，男女雇用機会均等法（1986年施行），育児休業法（1992年施行），次世代育成支援対策推進法（2003年施行），女性活躍推進法（2015年施行）など，女性が働くための環境の整備が進みました。これにより，結婚や出産によって仕事を辞め，「主婦」になるという女性のキャリアは当たり前ではなくなりました。ライフスタイルの多様化のなかで晩婚化・未婚化傾向が強まり，結

図表14-1 労働力率の推移

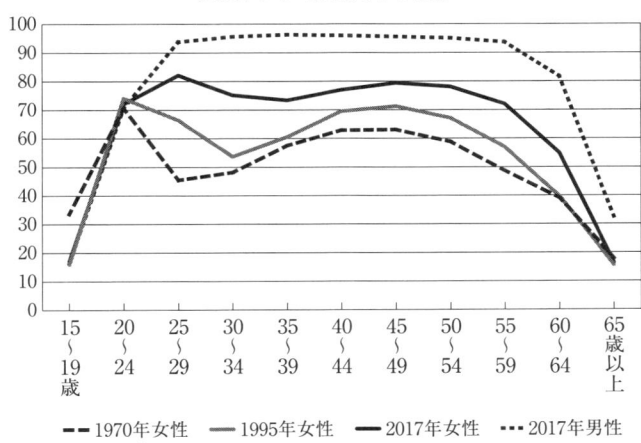

出所）JILPT「早わかりグラフでみる長期労働統計」より作図。

婚・出産が誰もが経験するイベントではなくなったことも，女性の雇用継続への意欲に影響を与えています。学校教育でも，性別に関係なく，人はみな個性を発揮し，自分の夢ややりたいことに向かって努力することが大切だと教えられています。

　その一方で，あいかわらず，女性だけに子どもを産み育てることに対する期待が向けられているのも事実です。少子化が社会問題であると社会科で学習した人は多いはずです。少子化の原因に子どもをもつ"女性の"働きにくさがある，という考え方は多くの人に共有されています。また妊娠をきっかけに望まない職に配置転換されたり，子どもを預ける保育園に空きがなく"母親が"働けなかったりというニュースは，これから働こうとする若い女性の意欲に影を落としています。さらに，母親が子どものキャラ弁づくりにこだわったり，上履き入れを手作りしたりするのは当たり前で，子どものことに手をかければかけるほどいい母親だというような価値観は，子育てに関わる当事者だけでなく，一般の人たちにも広く受け入れられています。

　つまり政策や学校教育は，女性の働き方に関する環境を整えることで「女

性たちよ，自己実現のためにしっかり働いてください！」というメッセージを発信していますが，同時にそれとは矛盾する「母親は自己犠牲の精神で子育てをしてください！」というメッセージも発信しているのです（中野2014）。

　結果として，子どもにできるだけのことをする母親というアイデンティティと，仕事で評価されて自己実現する社会人というアイデンティティがぶつかり，葛藤を抱えている女性は少なくありません。子どものために自分のキャリアを犠牲にしなければならなかったり，逆に自分のために子どもを犠牲にしている気がしたりして，ついには仕事を辞めてしまう女性も少なくありません。なかには，子育てや配偶者の出世を自分のキャリアの代理達成とみなし，母として妻として家族に懸命に尽くすようになる人もいます。その結果，子どもに過干渉だったり，進路や職業選択に細かく口を出したりして問題化することもあります。

　人生のなかで，子育てに専念できる時期は一時です。誰かの母や妻であることがアイデンティティの一部であったとしても，それだけで長い人生を生きとおすことは困難です。女性一人ひとりが，社会のなかでの役割や義務，責任をもつ，自分自身のアイデンティティを確立する必要があります。

3. 男性のキャリアをめぐる問題

　男性がキャリアについて考える場合，自分たちが働かないキャリアがあるとはほとんど思っていないという点で，女性とはまったく事情が異なっています。その意味で男性の自分のキャリアに対する考え方には変化がありませんが，配偶者の働き方に対する考え方には，過去30年の間に変化がありました。

　図表14-2は，未婚男性がパートナーに期待するライフコースの変化を示し

図表14-2　未婚男性がパートナーに期待するライフコースの変化

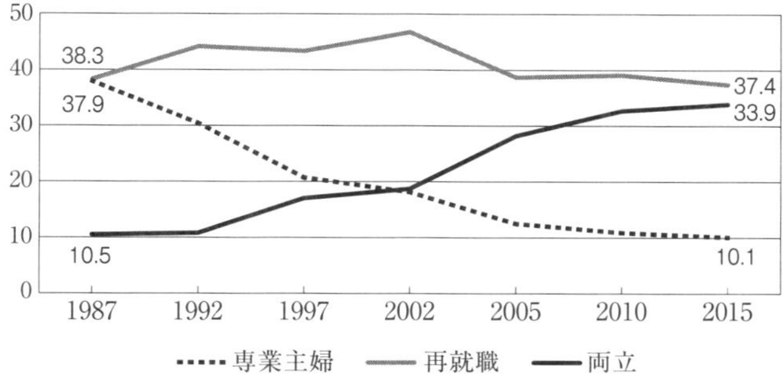

出所）国立社会保障・人口問題研究所（2017）『第15回出生動向基本調査報告書』。

たものです。1987年に37.9％だった「専業主婦」の値が下がり，2015年には10.1％になっていることがわかります。代わりに上昇したのは仕事と家庭の「両立」で，10.5％から33.9％になっています。いったん仕事を中断しても，再び働いてほしいと考える「再就職」を合わせると，およそ70％の未婚男性は，パートナーに働いてほしいと考えていることになります。

　この変化の背景には，男性の非正規労働者や低処遇正規の仕事が増えていることがあります。また，長時間労働やパワーハラスメント（同じ職場で働く者に対して，職務上の地位や人間関係などの職場内の優位性を背景に，業務の適正な範囲を超えて，精神的・身体的苦痛を与える，または職場環境を悪化させる行為）などによって健康を害したりして，仕事を続けられない場合があることも知られてきました。自分1人で家族を養うことを不安に思う男性が増えているといえるでしょう。

　では，共働きの生活について，男性はどの程度準備と覚悟ができているのかを考えましょう。掃除や洗濯，料理は人が快適に生活していくための基本ですし，乳幼児，高齢者，病人など，ケアを必要とする人が家族のメンバーにいるなら，その面倒を見る技術が必要です（巽2018）。1人暮らしで家事をするのとは異なり，自分が食べたくなくても家族のために料理をつくらなけ

ればなりませんし，乳幼児がハイハイして何でも口に入れることを考えなが
ら掃除をしなければなりません。もちろん，家族をもたなかったとしても，
健康で清潔な生活をするための知識や技術は必要です。一生1人で暮らす場
合は誰かのケアをあてにすることはできないので，なおさら栄養と衛生に関
する正しい知識が必須だといえるでしょう。

　男性は成長過程で，こういった事柄への準備をどの程度していると思いま
すか。中学校で家庭科が男性も必修になったのは1993年，高校では1994年
のことです。みなさんは家庭科で学んだ知識がどの程度，身についています
か。あるいは，家庭のなかで，ふだんから食事の支度や小さい子どもの面倒
などを見る経験をしていますか。家でのお手伝いに関する研究から，小学生
の頃はしていても，中学生になると内容が偏り，とくに高校生男子はほとん
ど手伝いをしなくなることがわかっています。男性は，将来の家事・育児の
担い手という期待を向けられて育てられてはいないので，そういうアイデン
ティティをもたずに育っているといえます。

　そして，子育てという観点から見れば，女性が職場から排除されてきた以
上に，日本の父親は子育てから排除されてきたといって過言ではありませ
ん。自分の子どもの成長に責任をもって関わるという当たり前の行為を，わ
ざわざイクメンと名づけて，その内容をメディアが取り上げるほどめったに
ないこと，特別な人じゃないとできないことだと思わせているのはその証拠
です。図表14-3は，少し古いデータですが，家庭教育に関する国際比較調査
で，父親の子どもとの接触内容をたずねた結果です。子どもと一緒に過ごし
ている時間に当該項目を「している」と回答した者の割合が示されています
が，日本の父親が他の国よりもしている！ と胸を張れるのは，唯一，「入浴
させる，一緒に入浴する (68.9%)」だけです。日本の父親が子育てに責任を
もって関わるのは，経済的な面 (扶養) に限られてきたといってもいいでしょ
う。

　逆に考えると，男性が仕事で自己実現を達成でき，結果として一家の稼ぎ

図表14-3　子どもとの接触内容

	食事を一緒にする	一緒に遊ぶ	入浴させる、一緒に入浴する	スポーツを教える、一緒にする	勉強を教える、勉強させる	趣味を教える、一緒にする	家事を教える、一緒にする	家事以外の仕事を教える、一緒にする	保育園・幼稚園・学校の送り迎えをする
日本	87.2	76.9	68.9	39.5	33.1	21.2	16.4	16.2	15.1
韓国	56.3	78.7	67.9	36.0	41.9	21.1	9.5	14.0	19.8
タイ	89.5	90.9	44.0	31.7	50.9	22.2	47.1	27.3	34.3
アメリカ	91.0	81.6	24.1	51.3	48.7	41.6	31.4	27.6	36.0
フランス	86.3	75.1	31.5	30.9	36.9	57.3	15.9	18.7	51.9
スウェーデン	92.4	69.7	40.9	32.2	41.8	30.7	45.4	32.2	52.7

出所）国立女性教育会館『平成16・17年度　家庭教育に関する国際比較調査報告書』2006年。

手というアイデンティティに誇りをもつことができていたのは，それ以外の生活や子育て，介護といった側面を一手に引き受ける「主婦」がいたからです。図表14-2で，「両立」の値が上昇したことを評価して，女性の働きたいという選択を尊重する男性が増えていると評価する向きもありますが，女性が仕事を通して自己実現を図ることを認めるなら，そのパートナーの男性は生活や子育ての部分を引き受けるために，自らのアイデンティティを修正する必要があるのです。「働きたいなら働いてもいいよ，ただし家事や育児に支障がない範囲でね」というのは女性の選択を尊重しているわけではありません。もし，男性が本気でパートナーの女性の働きつづけるという選択を尊重したい，あるいは自分だけで家族を養うのは不安だ，経済的な負担を分け合いたいと考えるのであれば，そのためのアイデンティティを形成し，キャリアをイメージして具体的な知識やスキルを身につけていかなければならないのです。

　2016年2月，匿名ブログに「何なんだよ日本。一億総活躍じゃねーのかよ。昨日見事に保育園落ちたわ。どうすんだよ私活躍出来ねーじゃねーか」

という内容がアップされ，ツイッターで拡散し，待機児童問題をめぐる全国的な議論を巻き起こしました。当時は女性の活躍を妨げる問題としてメディアに大きく取り上げられましたが，仕事をもつ父親と，仕事をもつ母親が，ともに子育てをする夫婦にとっては，男女にかかわらず深刻な問題というべきでしょう。子どもを預ける場所がなければ，父親である自分が仕事を辞めたり，働き方を変更したりしなければならない可能性もある，したがって待機児童問題は女性だけではなく，男性にとっても深刻な問題なのだと考えられるように，自らのアイデンティティを形成し，キャリアを考えるようになって初めて，「共働きを選択する」という話になるのです。

ワーク2

　図表14-4は，子どもの「しつけをする」ことに対する父母の役割分担意識について，父親にたずねた回答です。図表14-3と合わせて考えると，①父親は経済的な面以外に，子どもを育てるということに，どういうふうに関わり，何に責任をもっていると思いますか。②あなた自身は，どうあるべきだと思いますか。

図表14-4　父母の役割分担「しつけをする」父親の回答

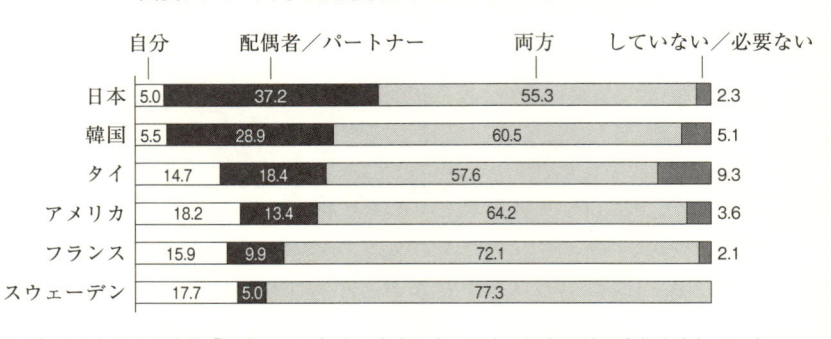

	自分	配偶者／パートナー	両方	していない／必要ない
日本	5.0	37.2	55.3	2.3
韓国	5.5	28.9	60.5	5.1
タイ	14.7	18.4	57.6	9.3
アメリカ	18.2	13.4	64.2	3.6
フランス	15.9	9.9	72.1	2.1
スウェーデン	17.7	5.0	77.3	

出所）国立女性教育会館『平成16・17年度　家庭教育に関する国際比較調査報告書』2006年。

4. 「普通」なんてない
──制度や教育について考える

　女性だからこう，男性だからこう，とアイデンティティを形成していくことが，時代の変化にいかにそぐわないかということを見てきました。女性が，母や妻という役割とは別に自分自身のアイデンティティをもつこと，男性が一家の大黒柱ではない自分自身のアイデンティティを現実的に想像し，知識やスキルをもつことがこれからの時代には大切です。要するに，性別ではなく，一人ひとりが自分自身のアイデンティティをしっかりイメージしなければならないのです。そう考えると，男女の性別に基づく枠組み自体に違和感を覚える人がいるでしょう。現代社会では，多様な性自認，多様なセクシュアリティのあり方を認めるように変わってきています（本書6章参照）。たとえ1人で生きようが，好きな人と生きようが，家族になろうがなるまいが，どんなライス・ワークだろうが，そのことで差別されない教育や制度の設計が必要になっているのです。

　そういった制度の一例として，働く場の側で近年起こっている変化について紹介しましょう。従来，女性が働きつづけることを支援するためには，子育て・介護などの家族的責任と仕事との両立支援策が有効だと考えられてきました。ここまで読んできて，共働きを実現するためには，男女にかかわらず，育児休暇をとれる環境づくりが大切だと思った人もいるでしょう。しかし，それがないと働きつづけることができない，だから支援するというのは本当の働きやすさとは正反対の状況が背後にあることを意味する，と女性労働研究の第一人者である武石恵美子は指摘します。重要なことは，手厚いガードがなくても，普通に働くことができて，きちんと成果が出せる環境にすることだというのです（武石2016）。

　これまで，日本の企業は，2節で述べたように，日本人既婚壮年男性をス

タンダードに職場のさまざまな制度や仕組み，慣行をつくりあげてきました。それらが，多様な人々の能力発揮にとって阻害要因とならないかを検討すること，つまり「普通」の働き方の見直しが進んでいます。仕事を優先できる時間制約のない男性の働き方を「普通」にしていては，結婚している女性の不利益はいつまでも改善されません。また，既婚者が子育てを理由に時短勤務する一方で，そのカバーのために独身者が長時間労働を余儀なくされる場合，既婚者は収入減や仕事経験の制約，独身者は労働負担増という問題を，それぞれ抱えることになります。それらの問題を解決するためには，プライベートな責任あるいは仕事に投入できる時間やエネルギーに制約がある人の働き方を「普通」の働き方として，スタンダードを変更することが必要です。武石は，「19時退社」をルール化した結果，女性役員が複数誕生した証券会社や，フレックスタイムや在宅勤務などの働き方を取り入れた結果，時短勤務制度を廃止することになったイギリスの企業などの例をあげ，個々人のニーズに合わせた対応が，多様な人々の働きやすさを生み出していることを紹介しています。性別や家族形態にかかわらず，すべての人にとっての働きやすさを追求することが，結果としてあらゆる人の就業や能力開発の機会の平等化に貢献するのです。

　武石が紹介する，仕事とプライベートの両面で責任を果たすことをスタンダードとするような働き方の変化は，個々人に対して，自分が何者であるか，大人として社会のなかでどのような役割を引き受けていくのかを，今までにも増して，鋭く問いかけることになります。仕事だけが自分自身のアイデンティティとなる時代は，働き方の変化という点からも，時代遅れになっていくといえます。したがって，これからの社会を生きる私たちは，既存の「普通」にとらわれることなく，生計をたてるために働く自分，地域のコミュニティのなかで役割をもつ自分，次世代（子ども）や前世代（親）との関わりのなかでケアギバー（ケアをする者）としての役割を果たす自分，パートナーとの関係を維持する自分，趣味を楽しむ自分など，多様な役割をもつ自分自身を

具体的に想像し，それらを統合したアイデンティティを育んでいく必要があります。

　さて，エリクソンがアイデンティティについて研究した20世紀半ばは，人は就職と結婚を経て成人期へ移行していくとシンプルに考えられていた時代でした。現在，働き方や働く条件の変化，婚姻形態の多様化などにより，大人になる時期の遅れ，大人になることの困難化は多くの先進国で報告されています。モラトリアムが長引くなかで，個人が多様な生き方を想像し，自らの新たな可能性に気づく機会を保障するために，学校教育だけでなく，地域のコミュニティや就労の場，趣味を通した集まりなど，アイデンティティ形成を支援する機会と場をどうつくっていくかが，これからの教育の課題となっています。

ワーク3

　女性が働きやすい環境が制度的に整ってきたにもかかわらず，女性管理職（課長相当職以上）の割合は12.1％で，企業規模が大きくなるほど，女性管理職割合が低い傾向が見られます（厚生労働省『平成28年度雇用均等基本調査』）。なぜ，女性管理職の割合がこんなに低いのか，なぜ，企業規模が大きくなるほどその割合が下がるのか，本文の内容をふまえて，理由を考えてみましょう。

参考文献
木本喜美子・大森真紀・室住眞麻子編著『講座現代の社会政策4　社会政策のなかのジェンダー』明石書店，2010年
武石恵美子『キャリア開発論——自律性と多様性に向き合う』中央経済社，2016年
巽真理子『イクメンじゃない「父親の子育て」——現代日本における父親の男らしさと〈ケアとしての子育て〉』晃洋書房，2018年
中野円佳『「育休世代」のジレンマ——女性活用はなぜ失敗するのか』光文社新書，2014年

（寺崎里水）

第15章

これからの教育と教育学

　本章では，「AI（artificial intelligence）が人類を滅ぼす」「シンギュラリティ（singularity）が到来する」という論議を例にして，正確に概念や定義を使用することの重要性を理解し，社会と教育，教育学のつながりについて考えます。

 キーワード　AI技術，シンギュラリティ，学力

1. シンギュラリティの恐怖

　みなさんは，「コンピュータに奪われる仕事ランキング」「あと10年で消える職業リスト」といった刺激的な見出しのついた記事を見かけたことがありませんか。2013年にオックスフォード大学の研究者が発表したワーキングペーパーが，ここ数年，世界中の注目を集めています。702の仕事について，それらの仕事が必要とするスキルを分析し，そのスキルをどれだけ機械の発達によって自動化できるのかを定量的に分析した論文です。分析の結果，今後20年程度の間に，コンピュータにとって代わられる確率が90％以上の仕事が171，全体の24.4％もあることがわかりました。そのなかには，時計修理工，手縫いの仕立屋といった，いかにも機械技術の進歩と関係ありそうな手仕事だけでなく，保険業者，銀行融資担当者などのホワイトカラーの仕事も含まれていたことが，人々に衝撃を与えたのです（C. B. Frey & M. A.

Osborne, 2017）。

　また，コンピュータ技術が発展し，2045年に人工知能が人間の知能を上回るという2045年問題を耳にしたことがある人もいるでしょう。アメリカの研究者レイ・カーツワイル（Kurzweil, R.）が提唱しました。シンギュラリティという単語で紹介されることもあります。

　このように，コンピュータや機械技術の発達により，進化した人工知能が人間の仕事を奪ってしまうという漠然とした恐れは，近年，社会的に広く知られるようになっています。人工知能に奪われない仕事とは何かについて，メディアが頻繁に取り上げるようになり，学校教育のなかでもキャリア教育のテーマとして取り上げられることもあります。しかし本章では，シンギュラリティに対する恐れを共有して対策を考えることを目的とはしていません。むしろ，やみくもに恐怖を煽るような言説から距離をとり，シンギュラリティがもたらす状況を正しく理解し，コンピュータに取って代わられない能力について考えることを目的にしています。以下では，2018年に国立情報学研究所の新井紀子がまとめた『AI vs. 教科書が読めない子どもたち』という本に依拠しながら，シンギュラリティやAIに対する私たちの誤った恐れを正していくことにしましょう。

2. 定義の重要性を確認する

　新井紀子は「ロボットは東大に入れるか」というプロジェクトを主導した数理論理学の研究者です。新井は著書の冒頭で，「AIはまだどこにも存在していない」「シンギュラリティはこない」と断言しています。AIは存在しないということに，みなさんはまず違和感を抱くでしょう。なぜなら，私たちは，生活のなかで掃除ロボットや音声認識で動くソフトを使ったり，将棋や

チェスでコンピュータが人間に勝ったというニュースを見たりしているからです。なぜ新井は「AIはまだどこにも存在していない」「シンギュラリティはこない」と断言できるのでしょう。

　新井の主張を理解するためには，本書の第3章の内容を思い出す必要があります。AIとは人工知能，すなわち知能をもったコンピュータという意味です。人間の一般的な知能に近いコンピュータをつくることは，人間の知能の原理を数学的に解明して工学的に再現するか，工学的にあれこれ試しているうちに偶然，知能が再現できるかの2つしかなく，いずれも近い未来のうちには達成できないとされています。なぜなら，人間の知能について，人間の脳がどう動いているのか，何を考えているのかを科学的に観測する方法はまだないからです。知能の原理がわからない以上，それを数学的に解明して工学的に再現する可能性は，ほとんどないと考えてよいでしょう。また，偶然，知能が工学的に再現できる可能性も，「銀河系のどこかに地球のような星があって，私たちよりも知的に発達した生物がいるかもしれない，ということを否定できない」(41頁) のとたいして変わらない程度でしかありません。したがって，「AIはまだどこにも存在していない」といえるのです。

　私たちがAIは存在すると思い込んでいるのは，新井が指摘するには，私たちが，AIという言葉と，AIを実現するために開発されたAI技術という言葉とを区別せずに，全部AIだと思って使用しているからなのです。第3章で，専門用語は定義を正しく理解し，定義の限りで用いることが大切だと述べました。AIとAI技術という言葉の定義を正しく理解すれば，掃除ロボットや将棋コンピュータなどに用いられているのはAI技術であり，人口知能という意味のAIとは異なるものだということがわかります。AI技術が私たちの生活の一部に活用されていることに間違いはありませんが，それが発展していることと，AIが存在することはまったく別のこととして考えるべきです。述べてきたように，AIはまだどこにも存在していないし，実現する見込みはほとんどありません。AIが私たちの仕事をすべて奪ってしまう

ときがくる，あるいはAIが人類を滅ぼすなどとむやみに恐れる必要がないことがわかるでしょう。

　シンギュラリティはどうでしょうか。2045年問題などで用いられるシンギュラリティは，正しくは技術的特異点（technological singularity）といい，人間の知能に近いコンピュータという意味のAIが，人間の力をまったく借りずに，自律的に，自分自身よりも能力の高いAIをつくりだすようになる地点のことをいいます。もうわかると思いますが，現時点で存在しないAIが，数学的に解明できない人間の知能を上回るAIを工学的につくりだすことなど起こりえません。したがって，新井は「シンギュラリティはこない」と断言できるのです。そもそも，私たちは人間の知能を「上回る」とはどういう状況なのか，それを観測可能なかたちで定義することすらできていないのです。

　私たちは人口に膾炙した言葉について，それが私たちの実感に強く訴えてくるものである場合はとくに，本来の意味や定義を正しく理解せずに，なんとなく理解したつもり，なんとなく意味を共有できたつもりになって使用することがあります。しかし，学問を学び，それに基づいて専門的に語れるようになるということは，一時的に共感をしたり，その場の話が盛り上がったりすることとはまったく別のことなのです。専門的に何かを学ぼうとするときは，ある用語がどういう意味で用いられているのか，どういう人たちに使用されているのかなどを正確に把握しようとする姿勢が大切です。

3. 「東ロボくん」の得意科目・不得意科目

　2節を読んで，よかった，AIもシンギュラリティも当面は存在しないんだ，コンピュータに奪われる仕事なんかなかったんだ，と胸をなでおろした

人は，残念ながら文章を正しく読めていません。AIやシンギュラリティの存在については2節で述べたとおりですが，コンピュータに私たちが仕事を奪われる危機が存在しないとはどこにも書いていないからです。新井も，存在しないAIが私たちの仕事を奪うことはありえないけれども，AIの実現のために開発されたAI技術，コンピュータが私たちの仕事を奪う，そういう現実は絶対に来ると断言しています。

新井らのグループが2011年に始めた「ロボットは東大に入れるか」プロジェクトは，10年計画で着々と成果をあげています。2013年の代々木ゼミナールの「第1回全国センター模試」では偏差値が45でしたが，2016年の「2016年度進研模試総合学力マーク模試6月」では57.1まで上昇しました。全国に172ある国公立大学のうち，23大学の30学部53学科で合格可能性80％の判定が出る，たいへんよい成績だといえます。私立の4年制大学584のうち，512大学1343学部2993学科でも合格可能性が80％と判定されました。そのなかにはMARCHや関関同立の一部の学部も含まれていたのです。もっとも，新井はプロジェクトの成果を自慢するために本を書いたわけではありません。AI技術の発展が労働力として人間のライバルになる可能性があり，そのライバルが私立難関大学に合格できる力をもっているとしたら，私たちの社会がどう変わるのかを考えるべきだと問題提起をしているのです。もう少し詳しく見てみましょう。

東大合格をめざすロボット「東ロボくん」は，世界史と数学が得意科目です。数学は自然言語で書かれた数学の問題文をコンピュータが自動的に数式に変換するという方法をとっています。また，世界史は確率と統計を駆使すれば，問題文の意味や論理構造を理解しなくても正答を得ることができる科目です（正確な説明は実際に本を読んでください）。一方で，国語や英語は不得意科目です。その原因は，人間なら一瞬で判断する「意味」や「常識」をロボットが理解できないことにあります。

新井のあげている例を使って，その主張の一部を説明しましょう。

a：警報機は絶対に分解や改造をしないでください。

　　b：未成年者は絶対に飲酒や喫煙をしないでください。

　この2つの文章は，一見すると構造的によく似ていますが，まったく違う構造です。bの文章は「未成年者」が主語ですが，aの文章の「警報機」は主語ではありません。コンピュータにこの2つの文章の違いを理解させるためには，「警報機」が分解や改造をしない無生物であるという「意味」や，無生物は分解や改造をしないという「常識」をルールとして教えなければなりません。しかし，ファンタジーの世界では無生物が分解や改造をすることもあるため，実際にaの文章がどちらなのかをAIに理解させるためには，そのためのルールをさらに加える必要があります。こうやってルールを増やせば増やすほど，演算処理に時間がかかることになり，しかも女子高校生が新しい言葉とその使い方を発明するたびにルールを調整しなければならない，ということになります。こうして，大量の「意味」や「常識」の暗記をさせるAI技術の開発は失敗を繰り返しています。

　ここで重要なことは，コンピュータは文章の意味や論理構造がわからなくても確率や統計を使って解答できる問題は得意で，「意味」や「常識」を理解しなければ解答できない問題は不得意だという違いを理解することです。なぜなら，AI技術の発展によりなくなる仕事とそうでない仕事を分けるのは，この違いだからです。コンピュータはあらかじめ決められた枠組みのなかでしか処理ができません。新井は柔軟な判断力やコミュニケーション力が求められる仕事，1を聞いて10を知る能力や枠組みにとらわれない発想力を必要とする仕事では，労働力としてのコンピュータが人間のライバルになることはないと予想しています。

　そもそも，科学技術の発展が人々の仕事を奪ってしまう現象は，歴史的に何度も繰り返されてきたことです。自動車や汽車の登場は人力や馬車による移動を廃れさせ，工場の機械化やオフィスのオートメーション化は多くの働き手の失職につながりました。問題は新しい技術の発展ではなく，それを見

越した労働力の養成がうまくいっていないことです。つまり，私たちが教育を通じて，コンピュータと同程度の能力をもった人間をつくりだしてしまっていること，もしくはそのことへの自覚がないことが問題だといえます。

ワーク1

　以下の例題は，新井らの研究グループが開発したRST（Reading Skills Test）です。解いてみましょう。

例題①〔推定〕次の文を読みなさい。
　エベレストは世界で最も高い山である。

上記の文に書かれたことが正しいとき，以下の文に書かれたことは正しいか。「正しい」「まちがっている」，これだけからは「判断できない」のうちから答えなさい。
　エルブルス山はエベレストより低い。
①正しい　　②まちがっている　　③判断できない

例題②〔掛かり受け〕次の文を読みなさい。
　Alexは男性にも女性にも使われる名前で，女性の名Alexandraの愛称であるが，男性の名Alexanderの愛称でもある。

この文脈において，以下の文中の空欄にあてはまる最も適当なものを選択肢のうちから1つ選びなさい。
　Alexandraの愛称は（　　　　　）である。
①Alex　　②Alexandra　　③男性　　④女性

例題③〔同義文〕次の文を読みなさい。
　幕府は，1639年，ポルトガル人を追放し，大名には沿岸の警備を命じた。

上記の文が表す内容と以下の文が表す内容は同じか。「同じである」「異なる」のうちから答えなさい。
　1639年，ポルトガル人は追放され，幕府は大名から沿岸の警備を命じられた。

---

4. 正しい恐れを抱く

　3節の冒頭で,「東ロボくん」が私立4年制584大学のうち512大学のある学部学科で合格可能性が80％と判定されたことを紹介しました。つまり,「東ロボくん」は8割以上の私立大学の入学試験を突破する力をもっています。言い換えると, それほど多くの大学生がコンピュータと同程度か, それ以下の力しかもっていないことになります。「AIが人類を滅ぼす」「シンギュラリティが到来する」などという怪しげな事柄よりも, この事実のほうがよっぽど恐れるに値します。『AI vs. 教科書が読めない子どもたち』では, 実際に「東ロボくん」よりも文章の意味や論理構造を理解できない子どもが, 決して少なくない割合で存在するという衝撃の内容が, たくさんの事例やデータによって説明されています。ぜひ読んで大いに恐怖を感じるべきですが, ここからは『AI vs. 教科書が読めない子どもたち』を離れ, 教育学と社会の関係について考えていくことにします。

　第1に, コンピュータは文章の意味や論理構造が理解できなくても確率や統計を使って解答できる問題は得意で, それらを理解しなければ解答できない問題は不得意なのに, 多くの大学で合格可能性を示したというところから考えましょう。文章の内容を正しく把握するためには,「意味」や「常識」を理解する必要がありますが, それができないということは, 教科書や専門書を読んで, そこから知識を得るという作業が十分に行えないということを意味しています。3節で示したaとbの例文の違いがわからない人は, この2つの例文の内容が理解できていないといって差し支えないからです。だとすれば, その程度の能力のコンピュータと同程度かそれ以下の能力の人を合格としてしまう大学入学試験とは, いったい何でしょうか。「意味」や「常識」が理解できず, 文章を正確に読めないまま試験に合格した人は, 大学でどうやって学ぶつもりでしょう。

私たちの社会が，大学に入学後十分に学習できる力をもった人を選択する仕組みではなく，コンピュータと同程度の能力をもった人を大量につくりだす仕組みをもっていることを，「東ロボくん」はあばきだしたのです。このように考えると，現在の大学入学試験を突破することだけを目的に学校教育を受けること，現在の大学入学試験を目標に勉強をすることのリスクが理解できるでしょう。残念ながら，教育学者も含めて，まだ多くの人がそのことに気がついていないといえます。

　第2に，ここまでの内容を読んで，柔軟な判断力やコミュニケーション力が求められる仕事ってなんだろう，1を聞いて10を知る能力や枠組みにとらわれない発想力ってどうやって身につくんだろう，教育学と社会の関係よりもそっちが知りたいと思った人がいるかもしれません。新井によって示唆された本当の危機は，このように，誰かによって示された「答え」を疑いもなく受け取ってしまう態度なのかもしれません。

　いわゆる「AIに負けない力」だけではなく，「社会人基礎力」，「コミュニケーション力」，「就業力」，はたまた「女子力」，「雑談力」など，これからの時代に必要だ，あるいはあったほうがよいとされる力は，今，社会のあちこちに見出すことができます。誰が，何のために，どんなデータに基づいて，そういう力が必要だといっているのかを，冷静に見極めることが大切です（第12章で述べたメディア情報リテラシーがここで生きてきます）。

　そもそも，新井やオックスフォードの研究者によって示された未来の社会像は，あくまでも未来です。彼らによって示された将来の社会のあり方がたしかに望ましいと思えるなら，その実現を受け入れ，それに適応するように自分の知識やスキルをつくりあげていってもいいのですが，そういう社会は嫌だなと思ったら，そうならないようにするための方法を模索することができるのが人間です。コンピュータと違って，人はいわれたことと違うことをすることができるからです。

　これからどういう社会をつくっていくかということと，そのためにどうい

う人を育てるか，どういう人になるのかということはつながっています。教育に携わる者，教育を積極的に受けようとする者は，これからどういう社会になると思うか，どういう社会にしたいと思うかを想像する力をもっていなければなりません。そして，その実現のためにはどういう知識や技術が必要か，それをどこで身につけるのかを考えられなければなりません。なぜなら，与えられた社会で与えられた知識や技術を受けとるだけの存在はロボットと同じだからです。つまり，本当の危機とは，適切な能力を形成できなかったために将来就こうとしている仕事がコンピュータに奪われるかもしれないことではなく，コンピュータと人間とを差別化し，人間が人間であるための力を，現在の教育がきちんと与えられていないかもしれないことではないでしょうか。

ワーク2

　4節でいっていることはどういうことでしょうか。次の2つの文章の真偽について，4節の内容に沿って考えてください。
①今の大学入試では，文章の内容が正確に読み取れなくても正解にたどりつける問題が多い。
②1を聞いて10を知る能力や枠組みにとらわれない発想力が大切だという新井の主張は間違っているかもしれないと疑ったほうがよい。

---

5. 望ましい社会を思い描く

　自ら望ましい社会を思い描き，それを実現するためにはどうしたらいいか，必要な知識や技術は何か，誰に，どのタイミングでどういう教育を施したらいいのかと構想することは，実際にはとても難しいことです。「人々の多様な個性や価値観を尊重することが大切」など，耳あたりのいい言葉を思

いつくことは簡単です。しかし，「尊重する」とは具体的にどういうふうに対応することでしょうか。刺々しい言葉を発し，常に攻撃的に接してくる人を，そういう個性や価値観の持ち主だとみなして，できるだけ関わらないようにすることが「尊重する」ことになりますか。プログラミングのためのルールにするのが難しいことを考える力こそ，人とコンピュータとを隔てる鍵です。そこを誰かに教えてもらおうとするなら，人ではなくコンピュータのほうが正確で確実だと考えるのが，AI技術の発展した社会です。

さらに，ここまでのさまざまな章で扱ってきたように，職業構造や賃金構造といった経済社会の仕組み，教育に関連する制度や政策のあり方，家族のあり方の変化，国際関係の変化など，学校や教育を取り巻く状況は大きく変化していて，一人ひとりがその全貌を把握することは不可能です。しかし，そういった情報が社会と教育の設計には必要であり，その難しさのなかでなんとか「意味」や「常識」を整理し，時代にマッチしたルールをつくろうと実践と研究を蓄積してきたのが教育学です。社会のなかで，社会を支え，その発展を担う人をどう育てるか，ギリシア時代から続く最古にして最先端の学問といえるでしょう。

宮城県石巻市雄勝町の小学校教師，徳水博志は，2011年の東日本大震災のあと，「地域が復興する」「子どもたちが回復する」とはどういう状態なのかを思い描き，それを実現するためにはどうしたらいいか，必要な知識や技術は何か，どういう教育をしたらいいのかを考えました。そして，学力水準を震災前のレベルに戻すというようなやり方ではなく，子どもたちが地域について学習したり，地域が復興する過程に直接参加したりすることを通して，子どもたち自身の心のケアと地域復興の両方に取り組む教育実践に取り組んだのです。この実践の記録は徳水の著書にまとめられていますが，そこでは，子どもたちが自分の力を実感し，地域とともに回復していく様子が描かれるだけでなく，主体的に地域復興に参加することで教科学習にも積極的に取り組むようになったことが描かれています（徳水2018）。

目の前の児童・生徒の生活や困難に向き合い，教育がどう対応できるのか
を社会構造やその変化，教育観と関連させながら考えることが，望ましい社
会像を考える第一歩になるということを徳水の実践は示しています。徳水は
また，一連の経験を通して，それまでの学校教育と地域との「常識」とされ
てきた関係を問い直すようになったとも述べています。このように現実に向
き合い，社会構造との関連や教育学の考え方に基づいて対策を練ること，
「意味」や「常識」をふまえて現状を問い直すことは，本書の第4章から第15
章がまさに行ってきたことなのです。ここまで本書を読んできたみなさんな
ら，きっとその複雑さと魅力に気づいていることでしょう。新しい教育の現
実に向き合い，望ましい社会を構想し，これからの教育と教育学について考
える準備はできています。

参考文献
新井紀子『AI vs. 教科書が読めない子どもたち』東洋経済新報社，2018年
Carl Benedikt Frey and Michael A. Osborne, The future of employment: How susceptible are jobs to computerisation?, *Technological Forecasting and Social Change*, Vol.114, Jan. 2017, pp.254-280, Elsevier.
徳水博志『震災と向き合う子どもたち——心のケアと地域づくりの記録』新日本出版社，2018年

（寺崎里水）

あとがき

　今，私たちが「当たり前」だと思って受け入れているすべてのことは，これまでの人々の研究と実践の積み重ねによってつくりあげられてきたものです。そしてこれからも，技術革新，国際情勢，経済状況，政策，社会規範など，さまざまな社会の変化のなかで，さらなる研究と実践の積み重ねによって，どんどんと形や目的を変えていくものです。みなさんは教育学を学びはじめたことによって，この積み重ねと変化の過程に加わる最初の一歩を踏み出しました。

　本書での学びを通して，教育学のなかで繰り広げられている議論が，メディアのなかでの学校や教育に対する批判とはまったく質の違うものであることがよく理解できたでしょう。また，目の前の現象のある一面だけを取り上げて対処しても，本当の問題は解決しないということも実感できたでしょう。教育をとりまく問題は，経済や文化，社会のあり方と絡み合っていて，多面的で複雑で，たとえ教育学を専門的に学んだとしてもなお，簡単には解決できない事柄なのです。そのことを知り，今，みなさんは高い壁の前に立ったような気持ちでいるかもしれません。

　けれど，必要以上に落ち込む必要はありません。なぜなら，壁の高さを感じ，自分の非力さを実感できるということが，みなさんが手に入れた力だからです。

　これから教育に関する学修を深めていくと，本書の各章でなにげなく書かれている一文が，じつは教育史や教育社会史，教育思想，教育哲学，教育心理学などの多様な知見をふまえていることに気がつくでしょう。また，本書に書かれていることとは相反する主張，知見を知ることもあるでしょう。新しい知識を得たり，知識同士を比較したりすることはとても楽しく，またまっとうな学修活動です。

そうやって，さらに学修を深めてからもう一度，本書を読んでください。越えるすべのわからない途方もなく高い壁に見えていたもののところどころに，手がかりや足がかりがくっきりと浮かび上がって見えて驚くことでしょう。もしかしたら，いつのまにかその壁に登りはじめている自分に気づくことになるかもしれません。そうなるように，これからの学修を進めてほしいと期待しています。

　本書の企画を考えはじめてから早2年になります。教育学という膨大な広がりのなかから，どのようなエッセンスを取り出すのか，私たちが日々向き合っている，そして毎年変化している大学生の姿を思い，たくさんの試行錯誤を繰り返して，ようやく形になりました。寄稿してくださった執筆者のみなさまには，たいへんな依頼にご協力いただき，感謝申し上げます。

2018年7月　　　寺崎里水

執筆者一覧（※は編者）

伊藤　亜希子（いとう　あきこ）
福岡大学准教授
『移民とドイツ社会をつなぐ教育支援——異文化間教育の視点から』（九州大学出版会，2017年）
『統合ヨーロッパの市民性教育』（共著，名古屋大学出版会，2013年）

井上　義和（いのうえ　よしかず）
帝京大学教授
『ファシリテーションとは何か——コミュニケーション幻想を超えて』（共編著，ナカニシヤ出版，2021年）
『特攻文学論』（創元社，2021年）

植上　一希（うえがみ　かずき）※
福岡大学教授
『大学生になるってどういうこと？——学習・生活・キャリア形成』（共著，大月書店，2014年）
『専門学校の教育とキャリア形成——進学・学び・卒業後』（大月書店，2011年）

大多和　直樹（おおたわ　なおき）
帝京大学教授
『高校生文化の社会学——生徒と学校の関係はどう変容したか』（有信堂高文社，2014年）
『放課後の社会学』（北樹出版，2014年）

児島　功和（こじま　よしかず）
山梨学院大学准教授
『反「大学改革」論——若手からの問題提起』（共著，ナカニシヤ出版，2017年）
『高卒5年　どう生き，これからどう生きるのか』（共著，大月書店，2013年）

佐藤　昭宏（さとう　あきひろ）
ベネッセ教育総合研究所研究員
「可視化した学生の『成長の姿』を次の支援にどうつなげるか——質的比較分析（QCA）による学生の『成長状態』を支える条件の試験的探索」（追手門学院大学『アサーティブ研究センター紀要　第2号』2018年）

須長　一幸（すなが　かずゆき）
福岡大学准教授
「教職協働が必要だと言われているのはなぜか，また，必要だとすれば，その理由は何か」（福岡大学教育開発支援機構『福岡大学教育開発支援機構年報』2016年）
「アクティブ・ラーニングの諸理解と授業実践への課題」（関西大学教育開発支援センター『関西大学高等教育研究』創刊号，2010年）

寺崎　里水（てらさき　さとみ）※
法政大学教授
『ベストをつくす教育実習──強みを活かし実力を伸ばす』（共著，有斐閣，2017年）
『大学生になるってどういうこと？──学習・生活・キャリア形成』（共著，大月書店，2014年）

樋田　有一郎（ひだ　ゆういちろう）
早稲田大学大学院博士後期課程／日本女子大学学術研究員
『人口減少社会と高校魅力化プロジェクト──地域人材育成の教育社会学』（共著，明石書店，2018年）
「新たな協働・公共性の主体の教育──離島・中山間地域の高校生のソーシャル・キャピタル形成についての考察」（『日本学習社会学会年報』第12号，2016年）

藤田　由美子（ふじた　ゆみこ）
福岡大学教授
『新版　教育社会とジェンダー』（共編著，学文社，2018年）
『子どものジェンダー構築──幼稚園・保育園のエスノグラフィ』（ハーベスト社，2015年）

松下　丈宏（まつした　たけひろ）
東京都立大学助教
「G. A. コーエンのロールズの『格差原理』批判についての一考察」（首都大学東京人文科学研究科『人文学報』第486号，2014年）
「宗教的多元社会アメリカ合衆国における公教育の正統性問題に関する一考察」（日本教育学会『教育学研究』第71巻第1号，2004年）

編者（紹介は執筆者一覧参照）
植上一希
寺崎里水

DTP　岡田グラフ
装幀　森デザイン室

シリーズ　大学生の学びをつくる
わかる・役立つ　教育学入門

| 2018年9月14日　第1刷発行 | 定価はカバーに |
| 2022年1月31日　第2刷発行 | 表示してあります |

編　者　　植　上　一　希
　　　　　寺　崎　里　水

発行者　　中　川　　進

〒113-0033　東京都文京区本郷2-27-16

発行所　株式会社　大　月　書　店　　印刷　三晃印刷
　　　　　　　　　　　　　　　　　　製本　中永製本

電話（代表）03-3813-4651　FAX 03-3813-4656　　振替00130-7-16387
http://www.otsukishoten.co.jp/

ISBN978-4-272-41241-9　C0037　Printed in Japan

大学生になるってどういうこと？
学習・生活・キャリア形成

植上一希，寺崎里水，
藤野真著
A5判／192頁／1900円
（2014.4）

多くの大学で課題となっている初年次教育．大学での生活や学習方法の基礎がわかり，4年間と卒業後のビジョンが描ける実践的テキスト．

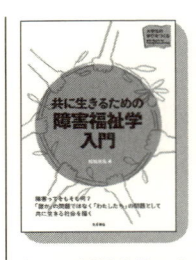

共に生きるための障害福祉学入門

結城俊哉編
A5判／224頁／2200円
（2018.3）

初めて福祉を学ぶ人のために基礎から解説．相模原事件，障害者の権利条約，災害と障害者，障害者アート等の最新テーマも紹介．

半径5メートルからの教育社会学

片山悠樹，内田良，
古田和久，牧野智和編
A5判／224頁／2200円
（2017.9）

誰もが学校に通い，進学・就職する——私たちが当たり前と思い込む教育のあり方を相対化し新たな見方に誘う教育社会学の入門書．

ハタチまでに知っておきたい性のこと
第2版

橋本紀子，田代美江子，
関口久志編
A5判／200頁／2000円
（2017.3）

からだの仕組みや避妊の方法，性感染症への対処法など，性をめぐる基礎知識を実践的に解説．セクハラやデートDVの問題も考える．

わかる・身につく歴史学の学び方

大学の歴史教育を考える会編
A5判／208頁／2000円
（2016.11）

概説書・研究書・論文の読み方，ノートのとり方，ゼミ発表，そして卒論執筆．大学4年間の学びに欠かせないワザと工夫を指南．

大学生のためのメンタルヘルスガイド
悩む人，助けたい人，知りたい人へ

松本俊彦編
A5判／224頁／1800円
（2016.7）

大学生が直面しやすいメンタルヘルスの問題に対して，それぞれの分野を代表する専門家がやさしく解説．処方箋となる1冊．